# MÉMOIRE

SUR LA

## ROUTE DU SIMPLON.

IMPRIMERIE DE FAIN, PLACE DE L'ODÉON.

# MÉMOIRE

## ET OBSERVATIONS HISTORIQUES ET CRITIQUES

## SUR LA ROUTE DU SIMPLON,

### ET AUTRES OBJETS D'ART;

Adressés a M. Ch. DUPIN, membre de l'institut,

L'un des Rédacteurs de l'Ouvrage intitulé : Monumens des victoires et conquétes des Français, depuis 1792 à 1815,

### Par N. CÉARD,

Chevalier de Chalivoy, Officier de l'ordre royal de la Légion-d'Honneur, Inspecteur divisionnaire, Directeur des ponts et chaussées, en retraite.

*Suum cuique.*

## PARIS.

GOEURY, libraire des ingénieurs et de l'école royale des ponts et chaussées, quai des augustins, n°. 41.

1820.

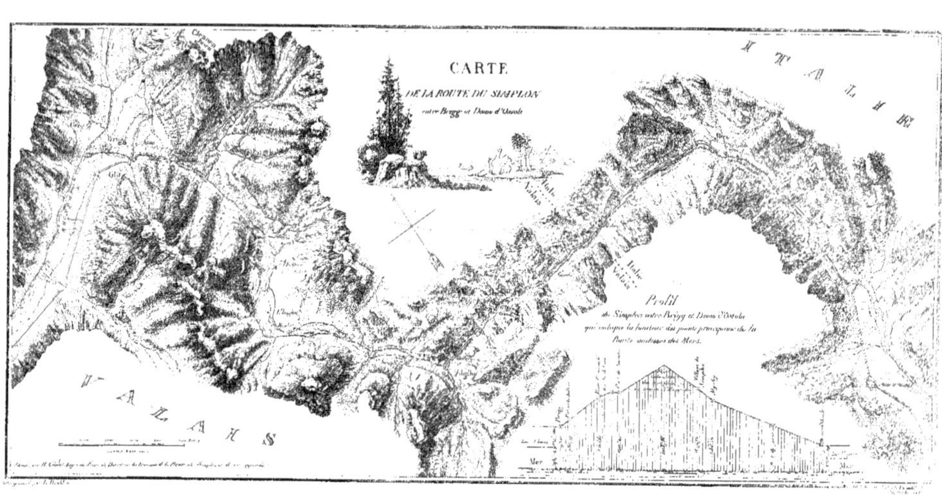

CARTE
DE LA ROUTE DU SIMPLON
entre Brigg et Domo d'Ossola
VALAIS
ITALIE
Profil
du Simplon entre Brigg et Domo d'Ossola
Mer

# MÉMOIRE

## SUR LA ROUTE DU SIMPLON,

ADRESSÉ

## A M. Cʜ. DUPIN, MEMBRE DE L'INSTITUT.

———

*Suum cuique.*

Mᴏɴsɪᴇᴜʀ,

Lorsqu'un homme est dévalisé au coin d'un bois, il peut appeler au secours, poursuivre les coupables, la justice est là pour les punir et pour le rétablir dans ses droits ; mais lorsque, dans un ouvrage destiné à conserver et à transmettre à la postérité les hauts faits d'une génération entière, un homme, dont je m'abstiens de qualifier le procédé, s'efforce, par des renseignemens artificieux transmis au rédacteur de cet ouvrage, de dérober à un ingénieur l'honneur que peuvent lui faire de beaux travaux et des conceptions hardies, fruit de quarante-sept ans d'exercice de son art, le tribunal de l'opinion publique est le seul devant lequel puisse être traduit un semblable fait, qui, pour n'être pas punissable par la loi, n'en est pas moins coupable aux yeux de la morale.

C'est dans ce but que je prends la plume.

ɪ

Enfermé dans ma retraite depuis 1815, je n'ai pu qu'applaudir à l'entreprise généreuse et vraiment patriotique qui a pour but de faire connaître et de réunir dans un cadre resserré, tous les monumens glorieux qu'a produits une génération qui, pour être calomniée, n'en est pas moins illustre.

Je n'ai point été surpris, Monsieur, de voir figurer aux premières pages de votre ouvrage, la route du Simplon ; et, vous le dirai-je, j'ai été très-flatté que des travaux auxquels je n'ai pas été étranger, servissent comme de frontispice à votre superbe et patriotique recueil. Cependant, après avoir lu tout l'article qui concerne cette belle route, j'ai eu de la peine à contenir l'indignation que m'a causée la malicieuse infidélité de celui ou de ceux qui vous ont, à cet égard, fourni des matériaux.

Plus la description que vous avez faite de cette route est vraie dans toutes ses parties, plus je suis l'admirateur de la belle entreprise que vous avez formée, et que vous êtes à tous égards si capable et si digne d'accomplir ; plus je dois voir avec douleur que, dans votre ouvrage, je sois dépouillé de la véritable part que j'ai eue aux plus beaux travaux qui existent en ce genre ; que j'en sois, dépouillé, et par qui?.... par des hommes dont j'ai dirigé les premiers pas dans leur carrière, que j'ai traités et aimés comme mes enfans ! Voilà, Monsieur, des faits qui font naître de bien douloureuses réflexions.

Je ne puis avoir aucun doute sur la source à laquelle vous avez puisé vos documens. Vous dites vous-même, Monsieur, que vous les tenez de M. Polonceau ; et à supposer que vous les eussiez puisés ailleurs, plus que tout autre il devait vous faire connaître votre erreur ; il devait protester contre votre article, la vérité le lui prescrivait, l'honneur l'exigeait de lui,

3

la reconnaissance lui en faisait plus particulièrement un devoir.

Tout ce qui regarde le personnel des ingénieurs qui ont con-
couru à la confection de la route, se trouve à la page 10 de
votre première livraison, en ces termes.... : « Nous termine-
» rons cette description des travaux du Simplon, en disant
» quelques mots des ingénieurs qui les ont exécutés.

» M. Lescot, premier ingénieur en chef (1), fut, après sa
» mort, remplacé par M. Houdouart. Les quatre jeunes ingé-
» nieurs qui ont tracé la route avec tant de courage et de zèle,
» et qui ont triomphé des plus grandes difficultés de l'entreprise,
» sont MM. Cordier, Polonceau, Coïc et Baduel.

» M. Cordier, maintenant ingénieur en chef du nord, vient
» de publier, sur la navigation intérieure, un ouvrage à la fois
» intéressant pour les gens de l'art et les hommes d'état (2).
» M. Polonceau est actuellement ingénieur en chef du dépar-
» tement de Seine-et-Oise. C'est à son obligeance que nous
» devons une foule de renseignemens précieux sur la route du
» Simplon. La notice que M. Polonceau a bien voulu nous re-
» mettre à ce sujet nous a été du plus grand secours.

--------

(1) M. Lescot n'était pas encore ingénieur en chef, il n'était attaché qu'à une des
deux brigades composées, comme on le verra plus bas, de deux élèves, et dans cette
brigade il n'était que le premier de trois. La qualité de *premier ingénieur en chef*
est au moins emphatique.

(2) Si une expérience de cinquante années pouvait compter pour quelque chose, je
dirais, après avoir lu la partie de l'ouvrage dont il s'agit, que la préface est bien
écrite ; mais que la fin, qui se rapporte aux hommes d'état, affaiblit de beaucoup le
commencement. Et moi aussi, j'ai vu l'Angleterre, et je n'ai rien aperçu, au sujet
des routes, qui m'ait séduit. Quant aux canaux, je ne serais point étonné qu'à l'imita-
tion du même pays, on ne proposât de transformer nos grands canaux en petits. Il
faut imiter les Anglais ; oui, mais c'est dans leur constant attachement à la liberté,
et dans la fixité de leurs institutions !

» MM. Cordier et Polonceau sont les seuls ingénieurs qui
» aient dirigé les travaux depuis leur premier tracé jusqu'à leur
» achèvement.

» M. Coïc est actuellement chargé de diriger les travaux du
» canal de l'Ourcq, qui doit être fini par une compagnie (1).
» Il est juste de dire que la partie de la route de l'Italie qui
» appartenait à la république cisalpine fut exécutée par les
» ingénieurs italiens.

» Cette partie qui s'étend d'Algaby jusqu'à Domo-d'Ossola,
» est l'ouvrage de MM. Bossi et Gianella.

» M. Céard, inspecteur divisionnaire (2) à partir de la fin
» de l'an 12 (1801), fut chargé de l'inspection des travaux ;
» on lui doit le plan de deux ponts principaux. »

Assurément la modestie la plus outrée n'aurait pas pu me
dicter un pareil article, car la part qui m'y est faite est aussi
exiguë qu'il est possible.

---

(1). Il n'est pas question, dans cette notice sur le personnel, des grades d'ingénieur ordinaire dans le département de l'Ain, et d'ingénieur en chef à la Martinique,
qu'à occupés l'infortuné Baduel, auquel je ne fais pas l'injure de croire qu'il eût
approuvé les renseignemens de M. Polonceau, s'il les eût connus ; son excellent cœur
était trop éloigné de la dissimulation pour cela. Le nom de cet ingénieur ne paraîtra
donc, dans le cours de ce mémoire , qu'autant que les faits l'exigeront. Je me persuade aussi , d'après la connaissance personnelle que j'ai de M. Coïc, qui s'est distingué à d'autres travaux , qu'il n'a pris aucune part à la notice dont je me plains.

(2). Je n'étais alors qu'ingénieur en chef depuis vingt ans, et dans ce temps-là les
ingénieurs en chef étaient les deux tiers moins nombreux qu'ils ne le sont aujourd'hui.

Au service des ponts et chaussées, actuellement, un ingénieur en chef , qui en
commande d'autres , est qualifié *directeur ;* mais cet ordre de choses prit seulement
naissance à cette époque. J'étais dénommé , dans les lettres de l'autorité que j'ai
entre les mains, tantôt *inspecteur* , *inspecteur-directeur* , *directeur* simplement , et
même *inspecteur général*, titre que porte l'Almanach impérial de l'an 13 ; mais ce
n'est pas dans les mots que gisent les choses. Si je n'avais eu à relever que des inexac-
titudes de cette espèce, j'aurais gardé le silence.

M. Polonceau, en composant sa notice, a sans doute perdu la mémoire ; heureusement que la mienne est un peu plus fidèle, plus heureusement encore que je n'ai pas perdu les papiers, lettres, registres, plans, minutes et relief qui peuvent éclairer et le public et M. Polonceau lui-même sur la véritable part que j'ai prise à ces grands travaux. Il est quelques-unes de ces pièces en particulier qu'il ne récusera sûrement pas.

Plus on réfléchit à l'article qu'ont produit les renseignemens fournis par M. Polonceau, et moins on peut expliquer la pensée qui a dicté de pareils renseignemens. On y voit, d'un côté, qu'*à partir de la fin de l'an 12, je fus chargé de l'inspection des travaux, et qu'on me doit le plan de deux ponts principaux* (1) ; de l'autre, que *les quatre jeunes ingénieurs qui. ont tracé la route avec tant de courage et de*

---

(1) Il aurait au moins dû les désigner nominativement. Ce sont les ponts de la *Saltine* et de *Crévola*, les deux plus considérables, pour la hauteur, qui existent en France, et même parmi tous ceux qui ont été exécutés entre Sesto et Glitz, au nombre de 611, tant grands que petits, soit en granit, soit en bois.

Les dessins de ces deux constructions remarquables se voient au relief du Simplon que j'ai fait et que j'ai livré au ministre de l'intérieur comte de Champmol, pour être mis sous les yeux de Napoléon ; mais ce pauvre Simplon avait du malheur ! Un drôle, espèce de gypier qui travaillait à ce relief dans mon bureau, à Genève, m'en escamota les principales dimensions, et en fabriqua pour lui un second qui fut envoyé à l'empereur Alexandre, qui le vit ainsi avant Napoléon.

Le même gypier, toujours sur les documens qu'il m'avait volés, a fait, depuis, d'autres reliefs semblables qui ont été exposés au Palais-Royal, où tout Paris les a vus, comme moi, pour de l'argent.

J'eus tellement d'inquiétude sur cet envoi clandestin, que j'en écrivis au ministre pour en informer Bonaparte, qui répondit ; *Si l'empereur Alexandre a le relief, moi j'ai le Simplon.*

Je me tranquillisai donc ; mais j'avais été volé alors, comme je suis dépouillé aujourd'hui.

*zèle, et qui ont triomphé des plus grandes difficultés de l'entreprise, sont MM. Cordier, Polonceau, Coïc et Baduel.*

Tout cela, Monsieur, est vrai, à quelque chose près. MM. Cordier, Polonceau, Coïc et Baduel ont apporté à ces grands travaux beaucoup d'activité et de zèle. Ce sont eux qui ont fait le tracé de la route sur les parties de terrain où on pouvait atteindre ; mais dans ses renseignemens, M. Polonceau ne vous a pas dit, et il ne devait pas vous laisser ignorer, *que c'est moi*, Monsieur, *qui ai conçu et rédigé le projet de la route ;* bien loin de vous le dire, il vous l'a caché, et votre article est fait de manière à me dépouiller de l'honneur qu'un pareil ouvrage doit me faire.

En effet, pour le commun des lecteurs de cet article, il n'y a aucun doute que le mérite entier de ces beaux travaux n'appartienne exclusivement *aux jeunes ingénieurs qui ont tracé la route et triomphé des plus grandes difficultés de l'entreprise,* surtout quand on ne m'y voit figurer que comme *inspecteur, auquel on doit le plan de deux ponts principaux* (1). Que de malice, que d'infidélité, que d'ingratitude

---

(1) Voyez chez Gœury, libraire, quai des Augustins, n°. 41, un ouvrage publié en 1812, par M. Courtin, secrétaire général de la direction générale des ponts et chaussées, ayant pour titre : *Travaux des ponts et chaussées depuis 1800, ou Tableau des constructions neuves faites sous Napoléon, en routes, ponts, canaux, etc....* Il y est dit à l'article de la description du Simplon :

*Page 46.* « Extraits, pour les longueurs, les distances et les dimensions, des » rapports de MM. Prony et Sganzin, inspecteurs généraux des ponts et chaussées, » et de M. *Céard, auteur du projet.* »

*Page 48.* « Ces développemens, étudiés par les ingénieurs, dont les pentes les » plus fortes ne sont que de 6 pouces par toise dans les endroits forcés par la nature » des sites, furent approuvés, tant par le général militaire que par l'inspecteur » divisionnaire Céard. Les plans ensuite présentés par ce dernier furent approuvés » par le conseil des ponts et chaussées et le directeur général, le 5 germinal an 10,

dans ces réticences et ces mensonges ! Il faut donc faire à chacun sa part ; il faut donc rendre à chacun ce qui lui est dû. Si M. Polonceau voit diminuer un peu l'honneur qu'il voulait, à mes dépens, attribuer à lui et à ses amis, ce n'est pas ma faute, car ce n'est pas à moi que vous avez dû les renseignemens qui ont servi de base à votre article ; j'ose croire que, si je vous les eusse fournis, ils auraient été plus complets : je puis vous assurer, Monsieur, qu'ils n'eussent pas eu le caractère d'astuce qui s'observe dans ceux de M. Polonceau (1), dans lesquels la vérité est tournée de manière à persuader l'erreur.

---

» pour toute la traversée du Simplon, sur dix-sept lieues de longueur entre Glitz et » Domo-d'Ossola ; ainsi que les projets généraux de toute la partie de route par la rive » gauche du lac de Genève, et au-dessus entre Évian et Glitz, sur 145,800 mètres » ( 29 lieues ) de longueur.

» Quant à la partie de route vers l'Italie entre Domo-d'Ossola et Arona, on lui » fit suivre pendant cinq lieues, les bords de la Tosse sur l'une et l'autre rive, et en- » suite les bords du lac Majeur jusqu'à Arona. » (Ici finit la mission ordonnée à M. Céard, par arrêté nominatif de Bonaparte du 8 germinal an 11, après le rappel des ingénieurs français de la seconde brigade. ) « Le surplus de son parcours fut dirigé jusqu'à Sesto, sur le Tessin. »

A la page 53, où finit la description de la route du Simplon, il est dit : « Les in- » génieurs qui ont fait exécuter cette belle route, *sous la direction de M. Céard,* » AUTEUR DU PROJET, sont MM. Houdouart, Cordier, Plainchant et Polonceau. »

« MM. Gianella et Bossi, ingénieurs italiens, ont exécuté la partie du côté du » royaume d'Italie. »

MM. Cordier et Polonceau auraient pu se contenter, comme je l'avais fait moi-même, de la part qui leur avait été faite par M. Courtin ; on verra ailleurs qu'elle a été moindre, et celle de MM. Gianella et Bossi beaucoup plus grande ; car enfin, à chacun le sien.

(1) Si l'on jette les yeux sur l'intérieur du couvercle du relief dont j'ai parlé plus haut, et qui se trouve chez madame la comtesse de Champmol, ou bien aux ponts et chaussées, où je crois qu'il a été déposé, on verra un tableau dans lequel j'avais religieusement et loyalement indiqué tous les ingénieurs qui ont travaillé à cette grande entreprise. Je n'ai jamais cherché à dépouiller personne, moi !

Comme il aurait répugné au bon sens le plus commun que le gouvernement, dans un pays où il existe beaucoup d'ingénieurs expérimentés, eût confié à des jeunes gens, tout neufs dans cet art, le projet difficile d'une route qui ne présentait de tous côtés qu'obstacles en apparence insurmontables, M. Polonceau a eu bien soin de se qualifier, et ses amis, du titre d'ingénieur, qu'il a appuyé plus bas par l'indication du grade qu'il occupe maintenant, de même que MM. Coïc et Cordier.

C'est encore une adresse assez ingénieuse. Cependant, Monsieur, au moment où ces messieurs furent envoyés au Simplon sous les ordres de M. le général Turreau, *ils sortaient de l'école*, ils n'étaient qu'élèves, ils n'avaient pas même fini leurs études à l'école d'application ; ils n'étaient donc pas encore ingénieurs ; *ils ne l'étaient ni de fait ni de droit ;* ils ne l'ont été qu'en l'an 12, et à ma demande.

J'étais loin de penser alors que M. Polonceau se targuerait un jour du premier grade que je sollicitai pour lui (et qui devait, après la confection de la route, le faire arriver au grade d'ingénieur en chef), pour me dépouiller, à son profit, de la part que j'ai eue à ces beaux travaux.

Ces messieurs n'étaient pas ingénieurs de fait.

Sans doute ils avaient cette instruction théorique admirable que l'on possède en sortant de l'école polytechnique, mais ils n'avaient ni la connaissance des prix, ni l'habitude des travaux, ni ce jugement qui ne s'acquiert que sur le terrain et par une longue pratique. Il y a bien loin, en effet, d'un élève bon mathématicien, à un ingénieur expérimenté ! Je ne citerai que deux faits à l'appui de ce que je dis ; ils sont relatifs à ces messieurs.

Quand j'arrivai au Simplon, le 1ᵉʳ. germinal an 9 ( ou

22 mars 1801 ) avec l'ingénieur ordinaire Plainchant, ils y étaient depuis quatre mois à peu près, et avaient, autant que la neige l'avait permis, commencé quelques tracés sur le terrain, *sans aucun plan ni projet général préalable.* Tout le travail fait alors dut être abandonné. *Les jeunes ingénieurs qui ont triomphé des plus grandes difficultés de l'entreprise,* allaient ainsi travaillant au hasard, sans plan ni projet. Est-ce là de l'expérience ?

Il fallait donner de l'unité à cette grande entreprise ; il fallait voir les lieux dans leur ensemble. Je partis donc de Brigg, à travers les neiges, pour Domo-d'Ossola, et sans autre instrument que ma montre pour mesurer les distances, ma canne et mon épée pour prendre les principaux angles ; je levai le premier plan qui ait été fourni (1).

C'est sur ce premier plan que j'ai tracé le projet de la route qui traverse cette difficile montagne. Il doit être en minute dans les bureaux des ponts et chaussées, *et j'en possède encore l'original dessiné de ma main et revêtu de l'arrêté d'exécution.*

Ces jeunes ingénieurs si expérimentés auraient pu s'apercevoir que je levais partie de ce plan en leur présence, ce qu'ils ne remarquèrent même pas : ils n'avaient pas encore appris, dans leur profonde pratique, qu'on peut lever un plan sans instrumens.

Depuis lors, par l'arrêté des consuls du 19 messidor an 9, une carte plus exacte et plus détaillée m'a été ordonnée, et

---

(1) Une reconnaissance militaire des lieux fut faite par un jeune ingénieur de cet ordre, M. Guignard, pour servir sans doute à éclairer M. le général Turreau sur ce passage difficultueux ; et si quelque essai de projet avait été tenté par cet ingénieur militaire à la même époque, cela n'appartiendrait toujours pas à MM. les élèves des ponts et chaussées.

je l'ai fournie le 12 ventôse an 10. Mais c'est surtout par une expérience longuement acquise, et sur le sol, que j'ai conçu et indiqué le projet de cette route (1) sur des flancs affreux dont on ne pouvait s'écarter. C'est dans cette entreprise que, suivant les renseignemens de M. Polonceau, je n'ai été qu'inspecteur, *et auteur du plan de deux ponts principaux* (2).

Que de choses j'aurais à dire sur les peines et les difficultés de tout genre que m'ont occasionées des fonctions où j'avais à commander à des hommes qui ne savaient encore ni bien faire, ni obéir ( Voyez ci-après mes lettres à M. Houdouart. ), et qui maintenant cherchent si charitablement à me dépouiller. Mais avançons. Il me suffit d'avoir en mains tous mes registres de correspondance avec les autorités, leurs réponses et autres papiers ; ils sont des monumens positifs et irrécusables du rôle que j'ai joué dans cette grande entreprise ; quelques-uns d'eux démontrent l'entêtement et la discorde qui ont souvent compromis le succès de l'opération, et qui y ont laissé des fautes que j'exposerai plus bas, et qui n'échappent pas aux yeux exercés qui traversent le Simplon (3).

Où était l'expérience de ces jeunes ingénieurs ?

---

(1) Pour être dans la vérité tout entière, je dirai que la république Cisalpine s'était occupée de l'ouverture de la route du Simplon dès l'an 6, et que j'ai été appelé à m'en entretenir, à cette époque même, à Paris, avec le ministre italien Cerbelloni, chez le ministre Lacroix, en présence d'un homme très-connu pour son malheur, et dont j'ai conservé une lettre à ce sujet.

Les travaux du Simplon, du côté de Brigg, ont commencé le 5 germinal an 9, et sur l'Italie le 3 nivôse de la même année, c'est-à-dire, trois ans après le moment où il en avait été question éventuellement.

(2) On a vu la note de la page 6.

(3) M. La Ramée Pertinchamp, alors ingénieur en chef au Mont-Genèvre, maintenant dans le département de l'Oise, ne s'est pas trompé, à son passage au Simplon, sur les fautes commises dans cette montagne. Il me l'exprimait, avec politesse à la vérité, mais avec franchise, dans une lettre qu'il m'écrivait le 18 no-

La première fois que j'arrivai à Domo-d'Ossola, on payait 72 francs pour l'extraction d'un mètre cube de granit ; ce prix, sur mes observations, fut réduit dès ce moment à 12 francs, ensuite à moins, et enfin la route entière a été escarpée à raison de 4 à 3 francs, et même jusqu'à 2 francs le mètre cube, suivant la nature et la dureté du roc. Vous conviendrez, Monsieur, que les difficultés de tout genre qui exigeaient, pour l'ouverture de cette route, l'escarpement de plusieurs millions de mètres cubes de granit eussent été chèrement vaincues, si l'expérience de ces messieurs n'eût été aidée par celle de leur chef (1).

Je pourrais citer bien d'autres faits qui attesteraient combien, en arrivant au Simplon, ils étaient loin d'être capables d'embrasser, de régler et d'ordonner un aussi vaste projet, qui, malgré quelques fautes que j'indiquerai, a fait de cette affreuse montagne un des lieux où les communications sont les plus faciles. S'ils avaient été abandonnés à eux-mêmes au

vembre 1805, et que j'ai conservée. M. de Lameth, alors préfet du Pô, les a aussi remarquées.

(4) Apparemment que Napoléon ne considérait pas mes services au Simplon aussi légèrement que ces messieurs, lorsqu'il m'accorda à Alexandrie, en mon absence, la décoration de la légion d'honneur, et qu'il me fit écrire à Paris, par son grand-chancelier, la lettre suivante, le 27 décembre 1807 :

« L'empereur et roi, en grand conseil, vient de vous nommer membre de la lé-
» gion d'honneur ; je m'empresse et me félicite vivement, Monsieur, de vous an-
» noncer ce témoignage de bienveillance de Sa Majesté Impériale et Royale, et
» de la reconnaissance de la nation. » *Signé* B. G. E. L. LACÉPÈDE, etc.

En lisant l'article qu'ont produit les renseignemens de M. Polonceau, je fus, au premier moment, tenté de lui envoyer ma décoration, à laquelle S. M. Louis XVIII a bien voulu en 1814, sans que j'eusse sollicité cette précieuse faveur, ajouter le grade d'officier ; mais ayant su que M. Polonceau avait été décoré dans ces derniers temps, les scrupules de ma conscience sont devenus moins forts, et j'ai gardé une décoration qui m'est d'autant plus précieuse, que j'ai le sentiment de l'avoir méritée.

milieu de tant d'obstacles de tout genre, il aurait pu leur arriver comme à ceux qui ont fait anciennement la côte de Tarare, déjà l'effroi des voyageurs du temps de madame de Sévigné.

Si la route du Simplon était un de ces tristes monumens qui n'attestent que l'ignorance et l'imbécillité de leur auteur, personne ne m'aurait disputé la part que j'aurais eue à son exécution, et je connais mainte route, mainte entreprise, maint ouvrage, auxquels le nom de l'ingénieur est attaché sans aucune contestation ; mais la route du Simplon a réussi, elle fait l'admiration des Français et des étrangers ; je devais m'attendre que l'on chercherait à me dépouiller de la part que je pouvais y avoir eue ; je n'ai donc pas été surpris : c'est la règle ; on en a bien dépouillé d'autres ; mais ceux qui avaient cette prétention injuste devaient s'attendre aussi à m'entendre réclamer contre un aussi odieux procédé ; ils devaient d'autant mieux s'y attendre, que déjà, à plusieurs reprises, les papiers publics avaient contenu mes réclamations sur ce même sujet (1). Cependant, pour mettre fin à cette guerre aussi fastidieuse pour moi que pour le lecteur, je vais ici consigner les faits tels qu'ils se sont passés, ainsi que je puis en justifier par toutes les pièces

---

(1) Voyez 1°. une lettre que j'ai adressée d'Avignon au rédacteur du *Publiciste*, le 28 brumaire an 14, en ces termes :

« Monsieur, un article inséré dans le *Moniteur*, n°. 45, extrait du *Journal de Suisse* du 29 octobre 1805, annonce que M. l'envoyé en Valais, chargé des affaires de Sa Majesté, et M. le grand-bailli du Valais, ont parcouru en carrosse la nouvelle route du Simplon de Brigg à Domo-d'Ossola, avec M. Houdouart, ingénieur en chef, directeur de ces travaux.

» M. Houdouart, Monsieur, n'a été occupé aux travaux dont il s'agit qu'en qualité d'ingénieur en chef d'une partie de ces travaux, et non comme en ayant la direction supérieure, qui m'a été confiée depuis le moment où cette grande entreprise a été commencée, jusqu'à ce jour, premièrement sous les ordres du ministre de la guerre ; secondement, sous ceux du ministre de l'intérieur et de M. le conde cette grande affaire qui sont encore entre mes mains. M. Polonceau croyait sans doute que les alliés les avaient emportées, ou que j'étais mort; mais il s'est trompé : dans cette dernière hypothèse même, il oubliait que j'ai des enfans auxquels je sais que la mémoire de leur père sera précieuse.

Je prévois, Monsieur, que les détails qui vont suivre n'amuseront pas tous les lecteurs; mais, indépendamment de leur but direct, ils sont destinés particulièrement aux ingénieurs, qui, peut-être, pourront en profiter; ils sont destinés à éclairer le gouvernement sur ces grandes et lointaines entreprises; il y verra la nécessité de mettre le chef à l'abri de tout conflit d'autorité, et d'y organiser la subordination de manière à ce que des jeunes gens inexpérimentés ne s'avisent pas sans cesse et impunément de mettre leurs idées à la place des décisions les plus mûrement délibérées et arrêtées ; quarante-sept ans d'expérience ont dû m'éclairer à ce sujet.

L'exécution des travaux du Simplon pour traverser les Alpes entre Brigg et Domo-d'Ossola, qui devait avoir lieu en partie sur

---

» seiller d'état Cretet ; et en troisième lieu, par un arrêté nominatif du premier » consul, alors président de la république italienne.

» Je vous prie maintenant de faire rectifier, s'il vous plaît, dans un de vos pro- » chains numéros, en y insérant cette lettre, l'erreur dont je me plains. »

*Signé* CÉARD, inspecteur divisionnaire.

2°. Une réclamation de ma part au *Moniteur* du 20 mars 1810, au sujet d'un discours prononcé par M. Bouchet, à l'occasion de la mort de M. Houdouart, auquel on avait attribué des choses qui m'étaient dues.

3°. Autre réclamation de ma part inscrite au *Journal du Commerce* du 27 mars 1818, où il est dit : « M. Céard, inspecteur divisionnaire des ponts et chaussées, » nous invite à rectifier ce qui a été dit dans notre journal du 17 février, concer- » nant la part qu'a eue M. le général Turreau dans les travaux de la route du Sim- » plon. M. Céard nous fait l'énumération de ses travaux de toute nature, d'où il » résulte qu'il fut le directeur et l'inspecteur principal de cet immense ouvrage. »

le Valais (1), et en partie sur l'Italie le long de la Dovéria, fut ordonnée par Bonaparte après la bataille de Marengo; elle a été continuée jusqu'à sa fin, un moment sous le ministère de la guerre, et ensuite sous celui de l'intérieur; et, dans les deux cas, elle fut toujours confiée aux ingénieurs des ponts et chaussées, tant français qu'italiens, mais sous deux chefs principaux, ainsi qu'on va le voir.

Le général Turreau de Linière, qui était étranger aux travaux des ponts et chaussées, fut en premier lieu chargé de cette affaire, qui n'avait aucun rapport avec son service.

Il arriva à Domo-d'Ossola avec un état major composé d'un adjudant-commandant (2), de trois aides de camp, suivis de sapeurs, d'un jeune ingénieur des fortifications, de deux ingénieurs ordinaires des ponts et chaussées, MM. Duchêne et Lescot, qui avaient assisté à la bataille de Marengo, et d'autres personnes.

---

(1) Le Valais, dans sa plus grande partie, n'est qu'un énorme fossé creusé par le Rhône; c'est le pays le plus pauvre que l'on puisse rencontrer. Eh bien! comment le croire? dès députés, MM. Stockalper et Derivas, appelés à Paris lors de la réunion du Valais après son envahissement, ne voulurent jamais, malgré les caresses et les menaces, consentir à demander cette réunion; ils se bornèrent à déclarer à Napoléon, que les Valaisans ne pouvaient résister à la force; mais que quant à eux députés, ils n'avaient point d'autorisation pour cela, et qu'ils n'y consentiraient pas. Honneur à ces braves députés, qui surent se respecter eux-mêmes et respecter leur mandat! Ce n'était pourtant pas l'espérance des faveurs de leur gouvernement qui les déterminait, car jamais pays n'a moins récompensé ses magistrats. J'ai vu un grand-bailli malade, alité; sa chambre ne renfermait pas pour 30 francs de meubles.

(2) Cet adjudant, voulant se distinguer, fit imprimer qu'il avait découvert un milliard de mélèses de cent vingt ans d'âge et de cent vingt pieds de hauteur, existant dans le Valais, depuis le mont Simplon jusqu'au lac de Genève. Il donnait aussi le moyen d'encaisser le Rhône pour le flottage de ces bois. A l'entendre, tout cela était superbe, il était facile de trouver dans le Valais une marine formidable;

Pour remplir l'ordre de l'ouverture du Simplon entre Brigg ou Glitz et Domo-d'Ossola, sur treize lieues de longueur, on partagea cet espace en deux, afin d'y placer autant de brigades. La première occupait l'espace compris entre Brigg et Algaby, sur sept lieues de longueur à peu près; elle formait trois ateliers sous les ordres de M. Lescot, qui n'était pas encore ingénieur en chef, comme je l'ai dit, et qui avait sous lui MM. les élèves Cordier et Polonceau, et M. Plainchant, ingénieur ordinaire; c'est à cause de cette qualité, peut-être, qu'il a été oublié par M. Polonceau dans les renseignemens qu'il a fournis sur le personnel.

Le premier occupa la première division entre Glitz et Bérixal; le second, celle depuis ce point jusqu'au delà de l'hospice; et le troisième enfin, celle depuis ce dernier point jusqu'à Algaby; ce qui fait à peu près deux lieues et un tiers pour chacun de ces messieurs, qui étaient aidés dans leurs travaux, chacun par un conducteur et plusieurs piqueurs.

La seconde brigade, placée entre Algaby et Domo-d'Ossola, sur une étendue de six lieues de longueur, fut divisée de même que la première, et se composa du chef, M. Duchêne, qui n'était pas non plus encore ingénieur en chef; de M. Latombe, ingénieur ordinaire, que M. Polonceau a aussi oublié; et de MM. les élèves Coïc et Baduel, tous assistés des mêmes aides que dans la première brigade.

Tout cet arrangement paraissait bon en théorie; mais chacun

---

mais je niai l'existence de ces bois, de cet admirable trésor si miraculeusement resté inconnu jusqu'à cette époque. L'adjudant me poussa à bout par ses assertions et son assurance. Je fus contraint de faire imprimer une lettre, adressée à M. le préfet du Léman, sous la date du 10 messidor an 9, dans laquelle je démontrai sans réplique, au gouvernement, l'absurdité du prétendu trésor, et il n'en fut plus question.

aurait voulu être maître sur sa partie de deux lieues et demie ou trois lieues de longueur, et agir, comme on peut le penser, sans unité ni harmonie.

Le gouvernement prévoyant la chose, je reçus, dans le courant de l'automne de l'an 8, à Genève, où j'étais ingénieur en chef du Léman, ordre du ministre de la guerre (1) de me rendre au Simplon pour y inspecter les travaux des brigades d'ingénieurs sous le général Turreau. Je me rendis donc à Brigg, où je ne trouvai rien de fait ni de commencé, que des opérations fausses entreprises au delà de cette ville ; je crus devoir les rejeter, sans m'arrêter à l'inconvénient d'abandonner le résultat de quelques mois d'allées et de venues sans utilité, de MM. les élèves Cordier et Polonceau, dans la neige. Ces messieurs étaient sans doute pleins de savoir ; mais ils ignoraient l'art de choisir dans les grandes montagnes les lieux propres au meilleur placement des routes et celui de fixer leurs pentes ; ils n'avaient pas même l'habitude de les tracer sur le terrain, ainsi qu'on en jugera (2).

Je fis donc partir la route de la place de Glitz, où se trouve l'église de Brigg. Ce lieu me parut promettre tous les avantages nécessaires à un grand établissement, tandis que Brigg, placé trop bas, et couvert des dépôts du torrent de la Saltine,

---

(1) Deux ordres du ministre de la guerre m'ont été donnés au sujet des travaux de la route du Simplon, le premier à la fin de l'automne de l'an 8, et le second sous l'ex-empereur, le 28 messidor an 9, au moment où les travaux de cette route sont passés sous le ministère de l'intérieur, dans les attributions duquel ils sont restés jusqu'à leur fin.

(2) Le *maximum* des pentes dans les grandes montagnes, et à plus forte raison dans les petites, devrait être fixé à 5 pouces par toise (0,069 par mètre) pour être dispensé de doubler les attelages en montant, et d'enrayer à la descente. La côte de Tarare n'aura que 2 pouces 9 lignes par toise (0,0385 par mètre), au lieu de 10 pouces qu'elle avait. (Voyez plus bas.)

n'offrait que des obstacles (Voyez la planche). Depuis Glitz, au contraire, là route pouvait s'élever très-facilement pour arriver à la Saltine; la franchir par un pont de plus de cent pieds de hauteur; atteindre le Calvaire, la côte des Mamelons ou de Brandevald, et arriver sur une seule pente au point obligé, d'où l'on pouvait aller, également sur une seule pente, au fond de la vallée de Ganther, où le pont a été placé; et de ce lieu, encore par une seule pente et une seule rampe, atteindre le sommet du Simplon, élevé de 2005 mètres 56 centimètres (1029 toises) au-dessus de la mer (1).

Les communes du Valais, commandées *ad hoc*, s'étant rendues sur les lieux pour commencer l'ouverture de la route, et ayant de quoi s'occuper au bas de la première rampe, *que j'avais tracée* en présence de ces messieurs, les travaux commencèrent immédiatement devant moi, le 5 germinal an 9.

Vous remarquerez ici, Monsieur, avant d'aller plus loin, que les jeunes ingénieurs qui, à les entendre, ont triomphé des plus grandes difficultés de l'entreprise, ne doivent au moins pas se vanter de leurs premiers travaux au-dessus de Brigg, travaux qu'on a dû abandonner pour faire partir la route de Glitz.

Les choses ainsi disposées, je partis pour Domo-d'Ossola, en suivant l'ancien et scabreux chemin, à travers des neiges horribles encore gelées, et m'occupant de la levée du plan à vue des lieux, dont j'ai parlé plus haut.

Le lendemain j'arrivai à Crévola, et vis des commencemens

---

(1) De dessus la place de Brigg, au sommet du Simplon, M. de Saussure a trouvé, par son nivellement barométrique, 665 toises; et moi, avec le niveau d'eau, 678, ce qui diffère de 13 toises. Ce nivellement a été fait sous mes yeux par M. Dunoyer, eune homme qui m'était attaché, et qui, quoique non sorti de l'école polytechnique, a le mérite de ceux qui y ont été.

3

d'escarpemens et d'ouvertures de route (1) jusqu'à Domo-d'Ossola, sur une demi-lieue de longueur environ.

J'examinai le passage du torrent de la Dovéria; je reconnus que l'excavation du lit qu'il s'est creusé dans le rocher avait 25 mètres de profondeur; je conçus le projet d'un pont considérable pour le traverser, au moyen d'une pile placée au milieu du torrent et de même hauteur que les rochers servant de culées. Qu'il me soit permis de rapporter ici, sur ce pont, ce qu'en dit M. George Mallet, de Genève, dans un ouvrage intéressant qu'il a publié en 1809, ayant pour titre : *Lettres sur la route de Genève à Milan*. Dans la deuxième édition de cet ouvrage, à la page 139, M. Mallet s'exprime en ces termes :

« Nous étions las de cheminer dans cette sombre vallée, qui
» d'abord nous avait frappés par son aspect imposant, mais
» dont la monotonie devenait fatigante. Une galerie se présente
» encore sur notre route ; bientôt les rochers s'écartent et
» laissent apercevoir la riante plaine de Domo; le magnifique
» pont de Crévola, jeté d'une montagne à l'autre, ferme la
» vallée; il est formé de deux arches en bois, soutenues par
» un pilier remarquable par sa beauté et sa solidité : c'est le
» dernier des travaux du Simplon.

» Sur les bords de la rivière, on voit un village qui s'abaisse
» aux pieds du voyageur, et qui disparaît presque en entier
» sous les vignes et les plantes grimpantes qui le couvrent; un
» petit pont formé de planches vacillantes, sert encore à relever
» la hauteur et la régularité de celui sur lequel nous passons
» avec rapidité : on est étonné d'avoir un même nom à donner

______

(1) Une route est dite ouverte, quand les haies et les arbres sont abattus, le placement nettoyé, les fossés marqués, quoiqu'il n'y ait encore été fait aucun ouvrage d'art ni de solidité.

» à cette hardie construction qui ouvre le passage des Alpes,
» et à un ouvrage fragile qui réunit les habitans d'un petit
» village. »

Ce pont, qui ne concernait en rien M. Polonceau, ni sa division, ni son atelier, est sans doute un de ceux dont il a bien voulu convenir qu'on me devait les plans. Quelle bonté! quelle générosité!

L'hiver, moins long en Italie qu'au nord des Alpes, avait permis d'ouvrir la demi-lieue de route en plaine dont il a été question plus haut. L'exécution en avait été commencée le 3 nivôse an 9, sous l'autorité et la direction du général Turreau, par l'ingénieur Duchêne, commandant la seconde brigade, composée de MM. Latombe (1), Coïc et Baduel. Cette partie de travaux, faite avec discernement, a été conservée en entier dans l'adoption du plan général de la route.

A Domo-d'Ossola comme à Brigg, aucun plan des lieux ni dessins quelconques ne me furent mis sous les yeux pour les projets ultérieurs.

Les choses restèrent quelque temps sur ce pied. Je retraversai les Alpes, et j'adressai immédiatement au directeur général des ponts et chaussées mon plan figuré, *où je plaçai le tracé général de la route* entre Glitz et Crévola, ainsi qu'il se voit, à peu de chose près, sur la carte qui accompagne, Monsieur, votre première livraison (2).

---

(1) M. Latombe était ingénieur ordinaire, et, comme M. Plainchant, il a été omis par M. Polonceau : serait-ce par la même raison ?

(2) Cette carte n'est qu'une copie fautive de la mienne, que j'ai en original sous les yeux, revêtue du seing du ministre pour l'approbation du projet général, ainsi que je l'ai mandé, il y a près de deux ans, à M. Cordier, qui me l'avait obligeamment adressée, au moment où il venait de la faire graver et déposer chez M. le

Ce projet général, *auquel personne n'avait travaillé* QUE MOI, Monsieur, fut arrêté le 5 germinal an 10, au conseil des ponts et chaussées, sur un rapport authentique de ma part, pour être exécuté depuis Glitz jusqu'au sommet du Simplon en trois seules rampes (1) et autant de pentes réglées d'un point à l'autre. Furent arrêtées aussi, comme elles existaient dans mon projet, les directions et positions du surplus de la route jusqu'à Crévola, de même qu'une formule de charpente pour les ponts *que je présentai en même temps*, afin de servir aux constructions de ce genre, sans qu'il fût nécessaire, dans chaque cas particulier, de recourir à l'autorité.

Après ces idées générales sur cette grande affaire, je voudrais bien pouvoir me dispenser d'entrer dans de plus amples détails ; mais garder le silence à la suite des renseignemens de M. Polonceau, je ne le puis. J'ai promis de dire ce qui s'est passé, de faire à chacun sa part ; et, quoiqu'il m'en coûte, il faut que j'examine brigade par brigade, atelier par atelier, les travaux de ceux qui savent si bien oublier les miens ; qui savent si bien, par un heureux déguisement de la vérité, m'en escamoter le fruit. Je puis toujours me rendre le témoignage que ce n'est pas moi qui suis allé les chercher ; je me contentais de ce qu'avait imprimé M. Courtin, de ce qu'avait

---

libraire Gœury. On doit à M. Cordier les notes lithologiques qui y ont été ajoutées, qui signifient peu de chose pour la route, et que je ne dispute pas ; il fallait bien qu'il y mît un peu du sien.

(1) J'avais d'abord pensé à ne projeter que deux rampes, la première depuis la Saltine à Ganther, de $0,^m062$ de pente par mètre, ou 4 pouces 6 lignes par toise ; et la seconde, depuis ce point au sommet du Simplon, de $0,^m069$ par mètre, ou de 5 pouces par toise ; mais il aurait fallu deux galeries sous le point appelé *point commandé* ; cela eut été long et coûteux, et il fallait aller vite pour donner passage à l'armée en cas de besoin.

écrit M. George Mallet, page 108 (1) de l'ouvrage que j'ai déjà cité ; enfin, de ce qui était de notoriété publique dans le pays où les travaux ont eu lieu et ses environs, et je vivais tranquille dans ma retraite.

PREMIERE BRIGADE.

## *Atelier de M. Cordier.*

Le projet de la route une fois adopté, il ne restait plus à MM. les ingénieurs, et à plus forte raison aux élèves, qu'à se conformer à ce qui avait été arrêté. M. l'élève Cordier et son ingénieur en jugèrent autrement, et n'en firent qu'à leur tête. Après nombre d'arguties et de travaux inutiles *qu'on dut abandonner*, la première pente, qui devait être régulière de o,$^m$o8 par mètre ( 6 pouces au plus par toise ) à la côte des Mamelons ou de Brandevald, fut manquée et portée çà et là intercademment à 7, 8 et 3 pouces par toise, quelquefois à moins, et même à rien (2). Cette faute fut commise en

---

(1) « Au-dessus de Schalbet, dit M. Mallet, était située la demeure de M. Polon-
» ceau, long-temps chargé de la direction des travaux, sous l'inspection de M. Céard,
» aux talens duquel on est redevable de cette belle route. »

(2) M. Lescot, chef de la première brigade, était mort depuis assez de temps ;
M. Houdouart avait été nommé en remplacement. Il m'écrivait que *la côte des Mamelons était la partie honteuse de la route ;* il menaçait de quitter. Je lui répondis,
le 27 fructidor an 10 : « Je ne souhaite ni ne désire que vous abandonniez les travaux
» du Simplon, où vous venez à peine d'arriver, pour aller ailleurs ; mais dans ce
» cas, pour votre tranquillité, je fais des vœux pour que vous ne soyez pas l'inspec-
» teur des opérations d'hommes aussi insubordonnés à la raison qu'une partie de
» ceux que j'ai eu le dépit de rencontrer, d'où sont dérivés les beaux résultats que
» vous voyez, indépendamment de ce qui a lieu en ce genre de l'autre côté de la
» montague. »
Et par une autre lettre de ma part, datée du même mois, au même ingénieur

mon absence ; et quand je la connus, trop de dépenses et de travaux avaient eu lieu pour qu'il fût possible de les abandonner sans perdre des sommes considérables., et sans exposer le gouvernement à la risée du public ; car c'est toujours au gouvernement qu'on s'en prend des fautes de ses mandataires.

Voilà d'abord ce qu'on doit à M. Cordier pour cette rampe.

La seconde rampe, depuis le point commandé jusqu'au fond de la vallée de Ganther, qui devait être réglée sur $0,^{\mathrm{m}}033$ par mètre ( 2 pouces 5 lignes par toise), a été forcée et raidie au double par ces messieurs ; et si je n'eusse pas fait interrompre ce changement au projet, il eût porté la route au travers de trois torrens avalancheux, inabordables, sur lesquels on eût été forcé de faire autant de ponts, qui eussent été renversés par les avalanches, au lieu d'un seul, placé hors d'atteinte par le projet.

Il est résulté de cette seconde faute dans la pente, qu'il a fallu 1°. soutenir la route de niveau, pour éviter l'inconvénient absurde dans une montagne alpine, de descendre pour remonter ; 2°. donner le double de hauteur au pont de Ganther, fixé invariablement par la localité, et porter à 20 mètres au moins celle des culées en pierre de taille, qu'il a fallu construire pour suppléer aux rochers qui manquaient aux abords de ce passage ; 3°. Faire des chaussées considérables et établir la

---

et au même sujet, je lui disais : « Je sais, Monsieur, et vous savez comme moi, que
» l'avis du conseil a été unanime sur la suppression de la faute du tracé au delà du
» Calvaire. Je sais encore mieux que, si les choses vont bien relativement aux tra-
» vaux du Simplon, *il ne manquera pas d'accapareurs pour me dépouiller ;* mais
» que si, au contraire, quelques fautes ont lieu, on me mettra tout sur le corps. »
Ne semble-t-il pas que je prévoyais les renseignemens de M. Polonceau ?

charpente du pont à la même hauteur au-dessus de ce modeste torrent.

Voilà encore ce qu'on doit à M. Cordier.

Je continue l'examen des travaux de cet élève ingénieur.

Ayant, par suite de celle du Simplon, cinquante lieues de route à voir, diriger et coordonner, tant en Italie qu'en Valais, en Savoie et sur le mont Jura, pour arriver à Morez et atteindre Auxerre, Dijon, etc., je ne pouvais pas toujours être au Simplon pour y surveiller ces messieurs; mais je croyais que M. l'ingénieur ordinaire Cordier (1), satisfait, s'il y avait de quoi l'être, de sa première infraction au plan arrêté par le conseil, suivrait à l'avenir avec ponctualité les directions données; j'étais dans l'erreur.

Le plan arrêté par le conseil ne permettait, depuis le pont de Ganther jusqu'au sommet du Simplon, qu'une rampe de $0^m,067$ par mètre ( 5 pouces par toise ). M. Cordier en fit exécuter trois en lacets ricocheux ( Voyez la planche ), qui ont allongé la route de 2000 mètres, et bien loin d'adoucir sa pente, l'ont augmentée partiellement, ce qui est une faute grave dans ce genre. Il agit encore en cela de sa simple autorité, appuyée ou non de celle de son chef de brigade. Il a fallu ensuite gravir et traverser des mamelons difficiles; former des déblais, et des cavées énormes plus qu'inutiles, car elles sont dangereuses, à cause des neiges qui s'y amassent, et qu'on avait précisément voulu éviter. Il a fallu cheminer de niveau dans la partie supérieure sous les glaciers; le tout par suite de la faute du bas,

---

(1) Il l'était alors, ayant reçu sa commission, comme les autres élèves, dans le courant de l'an 12, sur mon rapport particulier que j'ai sous les yeux, rapport qui est peut-être trop paternel et trop officieux à l'égard de quelques-uns de ces élèves.

d'avoir monté trop rapidement par trois *sots lacets*, au lieu
d'avoir suivi, sur une seule rampe, la pente régulière de
5 pouces, qui avait été fixée par le projet, et d'être arrivé ainsi
au sommet du Simplon et à l'hospice par la pente la plus douce
et par le plus court trajet.

Cet article, où 3oo,ooo francs environ ont été dépensés mal
à propos, est encore de l'atelier de M. Cordier, qui, sur deux
lieues et demie de longueur qu'il occupait, présente, comme
on l'a vu, plusieurs fautes graves, malgré les efforts que j'ai
faits pour m'y opposer.

Sans doute cet ingénieur (1) rejettera ces fautes sur son chef
de brigade, qui est mort; mais je me rappelle l'obstination de
M. Cordier dans les changemens opérés, et je sais qu'on ne
défend pas ainsi les fautes des autres, à moins d'un bien géné-
reux dévouement. Il cherchera aussi peut-être à détruire ou
atténuer ce que j'ai dit; mais le plan original, dessiné par moi,
existe entre mes mains, revêtu de l'ordre d'exécution; les fautes
que j'ai décrites existent au Simplon, et les travaux mal conçus
de ces messieurs, et qu'on a dû abandonner, s'y voient et s'y
verront encore long-temps. Ils sont assez considérables pour
n'être pas si vite effacés; des preuves de cette nature peuvent
résister à tout argument. Cet atelier est fini, et j'en suis fort
aise.

---

(1) M. Houdouart, ingénieur en chef nouvellement nommé, était de droit res-
ponsable des fautes qu'il n'empêchait pas; mais il remplaçait M. Lescot, décédé,
et n'avait pas vu, il s'en fallait bien, les commencemens des travaux; il n'en était
pas de même de ses sous-ordres, qui en devenaient par cela même moralement
responsables, et d'autant plus, que M. Houdouart avait le malheur d'être tourmenté
d'affections nerveuses extraordinaires qui l'ont conduit au tombeau, affections qui
le rendaient souvent très-malheureux, et détournaient son attention des opérations
de ces messieurs, qui ne craignaient pas d'aller en avant.

## *Atelier de M. Polonceau.*

M. Polonceau, placé sur la partie qui suivait immédiatement le premier atelier, occupait aussi, par le sien, la même longueur de route à exécuter jusqu'au point culminant.

La faute du placement de la route trop haut et presque de niveau sous les glaciers doit être principalement attribuée, comme je l'ai dit, à la lourde faute du lacet de Ganther. Sans cette faute énorme, la route eût eu la pente régulière qu'elle devait avoir, d'après le projet, pour arriver au sommet du Simplon (Voyez la planche).

J'ai dit *principalement attribuée*, car M. Polonceau pourrait difficilement persuader qu'il n'ait pas contribué à cette faute, au moins par son adhésion. Si ces messieurs ne s'étaient pas entendus sur les changemens qu'ils apportaient au projet arrêté, il y aurait eu discussion entre eux au sujet du raccordement de leurs portions de route, et je serais nécessairement intervenu. Mais pas du tout, leur présomptueuse hardiesse leur rendait tout facile, hors l'obéissance. Il faudrait se refuser à l'évidence pour ne pas voir que M. Polonceau n'a pas adapté sa partie de route à celle de M. Cordier, sans s'être accordé avec lui sur des changemens auxquels rien ne les autorisait ni l'un ni l'autre. Qu'il était pénible pour moi, quand j'arrivais sur les lieux, de trouver les idées indociles de ces messieurs substituées à la belle unité du projet que j'avais fait, et qu'avait adopté, après un mûr examen, un conseil composé d'hommes éclairés et qui ont blanchi dans les grands travaux !

Pour faciliter le passage des eaux, des pierres et des neiges provenant des avalanches (1) régulières, les localités sous les

---

(1) Il existe dans les Alpes trois sortes d'avalanches, 1°. Celles de neige, qui sont accidentelles, et ont lieu plus particulièrement aux époques de dégel, ou de simple adou-

glaciers ont exigé des constructions en maçonnerie, biaises, irrégulières, et assez embarrassantes. Ces constructions ont été bien exécutées, mais le mérite n'en appartient pas entièrement à M. Polonceau, qui, sortant de l'école, comme on l'a dit, était peu familiarisé avec ces sortes de travaux et avec l'application à en faire aux grandes montagnes.

L'atelier de M. Polonceau, en faisant abstraction de l'influence fâcheuse qu'a exercée sur cette partie de route la faute du lacet de Ganther, faute à laquelle il n'a pas été étranger, ainsi que je l'ai dit, ne me fournit pas le sujet d'observations défavorables, et je me fais un devoir de le consigner ici.

Ce n'est pas cependant que, pendant la durée des travaux, je n'aie eu à lutter quelquefois contre l'obstination avec laquelle ce jeune homme soutenait son opinion, ainsi qu'on en peut juger par la lettre suivante, que je répondis, le 22 fructidor an 10, à celle que cet élève m'avait écrite le 17 du même mois, et qui était si inconvenante, que je la détruisis.

« La manière dont vous vous défendez, Monsieur, des lé-
» gères inculpations qui m'ont été faites à votre égard, ne se-
» rait pas trop propre à vous justifier à mes yeux, si j'y avais
» attaché quelque prix.

» Vos sentimens, d'ailleurs manifestés à moi-même, ne
» m'ont pas laissé dans le doute sur les opinions que vous
» pouvez avoir, dont vous êtes assurément le maître, comme
» vous le dites ; mais si, à la naissance de la carrière de

cissement de l'air. 2°. les avalanches composées d'eau, de neige, et de quelques pierres qui coulent assez régulièrement par des coupures connues ; 3°. enfin, celles de pierres et de rochers ; ces dernières, souvent aussi mêlées de neige, sont les plus redoutables ; elles emportent les sapins de la plus forte dimension, et les brisent comme de la paille, ainsi que tout ce qui est sur leur passage. Malheur au voyageur qu'elles surprennent !

» l'expérience dans laquelle ( vous me permettrez de vous le
» dire ) vous allez entrer (**M.** Polonceau n'était encore qu'élève),
» vous avez déjà des volontés fortes et à vous ; ce n'est pas
» pour faire renoncer aux leurs, ceux qui ont parcouru cette
» carrière.

» Au surplus, Monsieur, s'il était nécessaire de vous le
» dire, on est fautif dès qu'on a l'air de méconnaître l'auto-
» rité, qui, lors même qu'elle est fâcheuse, ne doit laisser
» au plus que des regrets de la croire mal placée. Je vous
» salue (1). »

*Atelier de M. Plainchant.*

Le troisième et dernier ingénieur de cette brigade, **M.** Bou-
chot Plainchant, dont les renseignemens donnés ne disent pas
un mot, occupait l'atelier depuis le dessus du vieil hôpital
jusqu'à Algaby, sur trois lieues de longueur de route également. Cet ingénieur, pour n'avoir pas eu de prétentions exclu-
sives, n'en a pas moins bien fait exécuter la partie confiée à
ses soins ; et le silence gardé à son égard est inconcevable de
la part de **M.** Polonceau, qui travaillait à côté de lui. Mais,
quand on cherche à dépouiller son chef, on peut bien oublier
son camarade (2).

Ici ont fini les travaux et tout le service des ingénieurs de
la première brigade. Ceux de la seconde, sur six lieues de
longueur à peu près, entre Algaby et Domo-d'Ossola, vont
suivre.

---

(1) Cet élève ingénieur, autant que j'ai pu en juger, avait des connaissances et des
talens et mon impartialité me fait un devoir d'être plus juste envers lui qu'il ne l'a
été envers moi.

(2) Après les travaux du Simplon M. Plainchant a été nommé ingénieur en chef,
à Sion en Valais, ensuite au département de l'Allier, d'où il a été porté en 1815, à celui
des Hautes-Alpes, ce dont il se serait, je crois, bien passé.

## *Atelier de MM. Latombe, Coïc et Baduel.*

Sur la deuxième brigade les ateliers étaient un peu mêlés et ne peuvent pas être présentés d'une manière aussi distincte.

Cette partie de route, exécutée aux frais de la république Italienne, a souffert plusieurs variations, tant au sujet de l'organisation administrative que relativement aux ingénieurs.

Elle fut primitivement sous l'administration de la guerre, et la direction du général Turreau qui commença, à l'égard de l'exécution des travaux le 3 nivôse an 9, et finit par arrêté des consuls le 19 messidor de la même année (3o). Pendant ce temps la partie de Domo-d'Ossola à Crévola a été ouverte et quelques escarpemens çà et là ont eu lieu jusqu'aux abords de Gondo, sous l'ingénieur Duchêne, qui est rentré en France au moment où le ministre de l'intérieur français a remplacé celui de la guerre dans l'administration du Simplon. Depuis ce moment des commissaires français et italiens ayant été nommés simultanément pour administrer et faire payer, les travaux continuèrent sous l'ingénieur Cournon qui fit des efforts fructueux pour le bien du service, surtout au passage de Gondo.

Cet ingénieur, d'un excellent esprit, étant rentré en France, fut remplacé à son tour par un troisième, M. Maillard, qui est mort depuis ; et les travaux se poursuivirent sans grand mouvement par MM. Latombe, ingénieur ordinaire, Baduel et Coïc, élèves. Ils se continuaient toujours sous mon inspec-

---

(1) Conformément à la lettre du ministre de la guerre qui m'avait été adressée le 28 messidor, an 9, signé : Alex. Berthier.

tion et direction avec d'autant plus de raison que, comme on l'a vu, les fonctions du général Turreau avaient cessé à cet égard par l'arrêté des consuls du 19 messidor an 9 ci-dessus cité.

### Rappel de la deuxième brigade en France.

Les choses restèrent sur ce pied à peu près dix-huit mois; mais ces hommes français et italiens, qui n'avaient d'autres rapports entre eux que ceux prescrits par des autorités, souvent méconnues, après nombre de discussions de tout genre, d'écritures et de plaintes respectives, en vinrent aux voies de fait et aux violences à Domo, et les travaux n'en allèrent pas mieux. Les divers ministères en furent instruits, et toute la brigade fut sagement rappelée, ainsi que MM. les commissaires des deux nations. Moi seul je fus conservé, tant pour la partie française que pour la partie italienne jusqu'à Arona, par arrêté nominatif de Napoléon, et ai rempli mes fonctions d'inspecteur-directeur jusqu'à la fin des travaux, qui, malgré les fautes commises, font honneur à l'auteur du projet, qui a fait, pour les prévenir et les faire rectifier, tout ce qu'il était humainement possible de faire ( 1 ).

### Ingénieurs italiens substitués à ceux de la deuxième brigade.

Le surplus des travaux de la route depuis Algaby à Domo-d'Ossola, sur six lieues de longueur et jusqu'à Arona, où

---

( 1 ) A plusieurs reprises, j'ai représenté ces fautes à M. Cretet, alors ministre de l'intérieur, qui demandait, au lieu de sévir, Peut-on passer? Eh oui, Excellence, répondais-je. Eh bien, il faut continuer, disait-il. On était las de recommencer. Dans les grands travaux de ce genre, lorsqu'un grand nombre d'hommes ont travaillé et beaucoup dépensé, bien ou mal, il faut persévérer, car autrement. on n'en finirait pas.

finissait ma mission, à quatorze lieues au delà de Domo, et delà au Tessin , a été exécuté par des ingénieurs italiens, MM. Gianella , Bossi et Viviani. Le premier, savant distingué qui possédait et méritait toute la confiance de son gouvernement ; le second , habile architecte ; le troisième , hardi constructeur, la terreur des rochers. Cela va être justifié par les ouvrages qu'ils ont fait exécuter et dont l'exposé suit. Je dois faire observer que les travaux de la première brigade se sont appuyés sur de grands flancs de montagnes, qui rendaient le placement de la route facile et en déterminaient invariablement les pentes ; tandis que depuis Algaby à Crévola, sur six lieues de trajet , cette route parcourt le fond d'une vallée ( 1 ) très-profonde et très-étroite , remplie d'accidens qu'on a dû vaincre par des moyens puissans, peu ordinaires.

Il a fallu d'abord ouvrir dans le granit la galerie d'Algaby, alignée et réglée sur la pente de la route, resserrée par la Dovéria, dans un lieu qui n'offrait d'issue qu'à travers les rochers.

La route se prolonge ensuite sur des escarpemens ; et, après avoir franchi deux fois la Dovéria, torrent encaissé et furieux, on arrive à la grande galerie dite de Gondo. Cette galerie, ouverte également dans le granit, a 222 mètres de longueur, sur 8 de largeur, et autant de hauteur (2); elle a été tracée en ligne sinueuse, afin de faciliter la défense militaire de ce passage unique, à côté

---

(1) Il avait été question de diriger la route, par les hauteurs de Bugliano, Frascinodi et Trasquera, pour éviter les difficultés de la vallée ; mais il a été démontré que celles qui se présentaient par ces hauteurs étaient encore plus grandes. D'après les observations de l'ingénieur Cournon et les miennes, que je présentai moi-même à l'autorité à Paris, où je fis un voyage *ad hoc*, la vallée fut suivie , et le tracé déterminé sur le plan général que j'ai fourni, arrêté par l'autorité le 5 germinal an X, ainsi qu'il a été déjà dit.

(2) C'est de ce passage dont a parlé à la tribune nationale M. Marc Auguste Pictet, savant distingué, auquel il m'est doux de tenir par des liens de parenté.

duquel il n'existe d'autre espace que celui qu'occupe une cataracte de la Dovéria, qui se précipite dans un gouffre de plus de cent pieds de profondeur, creusé par la chute des eaux de cette rivière, et des pierres qu'elle détache sans cesse des flancs escarpés de cette terrible vallée, qui n'est en vérité qu'une profonde crevasse dont les sommets se perdent dans les nues.

M. Mallet, dans l'ouvrage déjà cité, aux pages 126 et 127, s'exprime en ces termes sur ce passage :

« La grande galerie est le résultat d'un travail constant de
» 18 mois; on a attaqué les rochers non-seulement du côté du
» Valais et de celui d'Italie, mais encore par les deux ouver-
» tures qui présentent chacune deux faces; six ouvriers attachés
» à chacune de ces faces ouvraient le roc à coups de pic, et
» faisaient place à six autres toutes les huit heures : de cette
» manière l'ouvrage n'était interrompu ni jour ni nuit; il a ab-
» sorbé une immense quantité de poudre.

» Nous nous représentons ce que devait éprouver le voyageur
» ou l'habitant des villages voisins que le hasard conduisait de
» nuit dans ces lieux; cheminant dans une vallée déserte, tout
» à coup le bruit du ciseau vient se mêler à celui du torrent;
» des hommes suspendus aux rochers les minent à la lueur des
» flambeaux, et le fracas des explosions de la poudre, fait reten-
» tir les échos multipliés de ces montagnes. Je pense que, dans
» le premier poëme épique, l'auteur introduira son héros aux
» enfers par la vallée de Gondo. »

Les deux ouvertures latérales qui éclairent la galerie ont été pratiquées, d'après mon avis, dans le triple but de pouvoir, par ce moyen, appliquer à ce travail six ateliers de mineurs de vingt hommes chacun, au lieu de deux ateliers seulement qui eussent pu travailler sans cela; de se débarrasser par ces ouvertures des blocs extraits en les précipitant dans le gouffre, où ils ont disparu

et enfin, d'éclairer la galerie après son percement. Cette opération n'a duré que quinze mois. M. Mallet est dans l'erreur quand
il dit qu'elle en a duré dix-huit, ou bien il a compris quelques
travaux accessoires.

A chacune des extrémités de cette galerie, il existe un pont
qui en rendrait au besoin la défense encore plus sûre et plus facile (1).

La route, aux abords de la galerie du côté du bas, a été escarpée en suspendant les mineurs à l'aide de mille moyens d'industrie sur les flancs des rochers pour y pratiquer des trous propres
à y établir des échafauds d'échelles, afin de pouvoir ensuite es-
carper la plate-forme de la route.

Les efforts en tout genre faits par les ingénieurs italiens attachés à cette partie la plus difficile sans contredit, efforts qui ont
été couronnés des plus heureux succès, ont été les plus considérables de tous. Les difficultés qu'elle présentait, et celles de
la partie d'Algaby et des travaux d'art qui l'environnent n'ont
pas été du nombre de celles dont MM. les jeunes ingénieurs ont
triomphé ; aussi M. Polonceau n'a-t-il indiqué que sommairement, et avec une grande économie d'éloges, ce qui regarde
MM. Gianella et Bossi. Leur paragraphe non plus que le mien,
ne parle ni de zèle, ni de courage ; l'un et l'autre étaient sans
doute l'attribut exclusif des quatre jeunes ingénieurs.

De la galerie de Gondo, on arrive à une autre chute où la
gorge semble fermée, par une barre qui a exigé un petit tourniquet inévitable et impérieusement commandé par la nature
des lieux. ( voyez la planche.)

La route fut continuée ensuite sur deux lieues à peu près de

---

(1) J'avais ordonné que le pont du côté de la France fût en pierre, et celui du côté
de l'Italie, en bois, pour la meilleure défense du passage ; mais le contraire a eu lieu.

longueur, jusqu'au torrent de la Chérasca sans trop de difficulté. Sur ce torrent devait être placé un pont de 14 mètres d'ouverture , qui fut exécuté présomptueusement par un jeune ingénieur français, qui n'avait pas voulu se conformer au système de charpente arrêté, et le pont s'écroula.

Cette faute n'est pas la seule qui ait été commise dans ce lieu. La route devait s'y rapprocher du village de Varzo ; au lieu de cela on l'a fait descendre le long de la rivière pour remonter ensuite ; tandis qu'en la soutenant à peu près de niveau, comme on le devait, on aurait longé ce beau village , étape précieuse dans cette vallée brûlante.

A deux lieues au delà du pont de la Chérasca, on traverse la galerie de Crévola, ouverte dans le granit, éclairée dans son milieu, et fort belle ; elle a été exécutée en grande partie par M. l'ingénieur ordinaire Latombe.

On arrive ensuite par un court trajet au pont de Crévola sur la Dovéria, construit en deux arches de soixante-trois pieds d'ouverture chacune, et soutenues par deux culées en grande partie de rochers, et une pile en pierre de taille de 70 pieds de hauteur, y compris les fondations ; il domine les bois qui l'avoisinent, et l'effet en est aussi étonnant que pittoresque (1).

On parvient ensuite à Domo-d'Ossola, après avoir traversé le torrent de la Bougnane sur un pont considérable en bois, exécuté comme celui de Crévola par la brigade italienne, sous mon inspection et direction comme tout le reste.

Les travaux du Simplon qui ont duré six ans n'en auraient

---

(1) J'avais donné, comme on a la bonté de me l'accorder, les projets de ce grand monument avec tous les détails pour l'exécution ; mais un jeune ingénieur voulut faire mieux que le projet : il dépensa une forte somme, et tout fut détruit et emporté par la Dovéria. On fut contraint de reprendre le premier projet ; et l'ingénieur est rentré en France , où il a mieux réussi depuis.

5

duré que trois, s'ils avaient eu, dit-on, une meilleure administration. Je voudrais cependant qu'on n'oubliât pas que les ponts et chaussées ont par leur service contribué puissamment à embellir la France et à faciliter ses communications; qu'ils y ont contribué aux moindres frais possibles, et qu'ils ont empêché les fautes et le gaspillage qui ont souvent lieu dans les travaux qui ne sont pas suivis par des ingénieurs classés et connus.

Ces grands objets paraissent aussi avoir attiré l'attention du novateur expérimenté, M. Cordier. Je souhaite que ses vues puissent améliorer ce qui existe; mais qu'il me soit permis d'en douter. Tâchons de garder ce qui est, si nous pouvons le conserver. Je crois bien pourtant, comme M. Cordier, que les travaux du Simplon ont duré un peu plus qu'ils n'auraient dû; je ne l'attribue pas à un défaut d'administration, *mais bien au défaut* de subordination.

*Premier appendice de la route du Simplon sur l'Italie.*

Maintenant, monsieur, que j'ai exposé ce qui a eu lieu au Simplon, et fait connaître ceux qui y ont eu part, je vais m'expliquer sur les travaux des appendices de cette route non moins importans, tant en Italie qu'en Valais, en Savoie et en France.

Si l'on juge les intentions de M. Polonceau, d'après les réticences de ses renseignemens, on pourrait penser qu'il espérait aussi placer ces appendices dans son domaine et dans celui de ses amis; mais à cet égard je veille aussi à ma propriété.

Le placement militaire de la route sur l'Italie, entre Domo-d'Ossola, Arona, et Sesto sur le Tessin, a été indiqué par M. le général du génie Chasseloup, qui demanda de lui faire passer deux fois la Tosse, et de la diriger ensuite par le lac d'Orta, à mille pieds d'élévation au moins au-dessus du lac Majeur, qui lui est parallèle; d'où elle revenait joindre la route actuelle près d'Arona, après un trajet de quatorze lieues à peu près.

En dérogation à ce projet, après nombre d'observations de ma part vers les hautes autorités milanaises et françaises, Napoléon ordonna que la route suivrait le bord du lac Majeur, sans monter ni descendre, et l'exécution suivit immédiatement.

La partie de route de cinq lieues à peu près de longueur, qui longe ce lac, et se trouve établie de niveau à 16 pieds au-dessus de ses basses eaux, a été exécutée, comme ce qui la précède et la suit, avec autant de solidité que de magnificence par les ingénieurs italiens, et d'après le projet que j'en ai donné.

Un mur en maçonnerie régulière, soutenu par des contreforts rapprochés, établi sur pilotis et grillages, borne dans toute sa longueur la route contre le lac; ce même mur est couvert et couronné de dalles en granit feuilleté parfaitement taillées et garanties par d'excellentes et belles bornes de deux mètres en deux mètres, qui ont aussi l'avantage de rassurer les voyageurs.

La berge supérieure est garantie elle-même de l'éboulement des terres, par un second mur également beau et solide au pied duquel est un fossé revêtu en pierres ou creusé dans le rocher pour l'écoulement des eaux supérieures, qui se jettent dans le lac par des aqueducs.

La superficie bombée de la route a été assortie à toutes ces beautés, qui ont coûté près de 900,000 francs par lieue; enfin c'est la plus belle chose qui existe en ce genre.

L'art devait faire de semblables efforts en ces lieux, pour n'être pas trop en arrière de la nature, qui paraît y avoir, à plaisir, réuni tout ce qu'elle a de plus capable d'enchanter les yeux. En effet, on ne peut rien trouver de plus délicieux, que la vue qu'offre, depuis la belle plate-forme de la route, le lac Majeur, ses îles, ses rians coteaux, et tout l'ensemble de son ravissant paysage.

Des ponts en granit, aussi considérables que superbes ont été établis sur la Strone, à Bavènes et ailleurs ; et deux autres très-grands l'ont été sur la Tosse ; mais ceux-là sont en charpente, pour être plus facilement détruits en temps de guerre. Enfin, ces ponts et ponceaux de tout genre sont au nombre de six cent onze entre Glitz et Sesto, comme on l'a vu, sur trente lieues de longueur de route ; que de dépenses ! que de travaux !

*Second appendice de la route du Simplon sur le Valais,*
*en Savoie et en France.*

Je passe maintenant à l'autre appendice, situé le long du fleuve du Rhône, jusqu'au lac Léman, et qui en suit les bords d'une manière plus ou moins rapprochée.

Sur ma demande, deux ingénieurs-géographes (MM. Valleteau et Blanchard) reçurent l'ordre de lever, sous mes directions, le plan du fond de la gorge du Valais et du lit du Rhône, depuis Glitz jusqu'à Thonon. Ces plans rédigés par ces messieurs à Genève, dans mon bureau et sous mes yeux, je projetai le placement général de la route à ouvrir dans cette partie sur trente lieues de longueur. Ce projet fut approuvé, et, le 16 germinal an 11, je reçus la lettre suivante de M. Cretet, alors conseiller d'état, chargé spécialement des ponts et chaussées, etc...... — « J'ai examiné et fait examiner à l'assemblée
» des ponts et chaussés les plans, devis, rapport et détail
» estimatif de tous les travaux qui restent à faire ou à rectifier
» sur la route projetée de Genève à Glitz, dont la dépense est
» évaluée par aperçu à 1,618,800 francs, non compris, etc.....
» Il a été reconnu que vos projets, notamment les directions,
» changemens, rectifications que vous avez proposés de la partie
» de route comprise entre Thonon et l'entrée des montagnes

» du Simplon, ont été faits avec une connaissance approfondie
» des localités. J'ai approuvé en conséquence ces projets, et
» je les ai adressés au préfet de votre département.

» Je me plais à saisir cette occasion de vous marquer toute
» ma satisfaction des talens et du zèle par lesquels vous vous
» êtes éminemment distingué dans cette circonstance.

» Le zèle que les ingénieurs de la première et deuxième
» brigade ont montré dans les travaux exécutés me paraît
» digne d'éloges ; je vous prie de leur en donner en mon
» nom les expressions les plus marquées.

( Signé CRETET. ).

Après la lecture de cette lettre, on ne me disputera pas,
j'espère, que ce soit moi qui aie fait aussi les projets de la partie
de route depuis Genève à Glitz, dans laquelle se trouve comprise la portion très-difficile qui était à ouvrir entre le Bouveret
et Évian sur la Savoie ; j'en donnai et rédigeai le projet, dans
lequel je plaçai la route à 32 pieds de hauteur, au-dessus des
eaux du lac Léman, et l'établis de niveau dans les flancs des
rochers de Meillerie qui sont à peu près perpendiculaires.

Cette route fait le pendant de celle sur le lac Majeur ; elle
est à peu près de la même étendue.

Dans les places où les rochers et les murs se sont trouvés
presque à pic, on a établi un beau parapet, pour prévenir
les accidens et tranquilliser le voyageur, qui, grâce à l'eau dont
la surface est à 32 pieds au-dessous de lui, ne peut s'apercevoir qu'il marche sur une corniche élevée (1) perpendiculairement de 992 pieds au-dessus du fond du lac, qui dans cet
endroit a 960 pieds de profondeur.

---

(1) Ayant fait précipiter des blocs à plusieurs reprises dans ces eaux profondes, jamais l'ébullition ne s'est écartée du rivage.

Depuis la belle terrasse que forme en ces lieux la nouvelle route, on a en vue, de l'autre côté du beau lac de Genève, Lausanne, Vevey, Montreux, et tous les riches coteaux du canton de Vaud. Cette vue présente des aspects d'une nature plus grave, plus sévère, mais non moins magnifique que ceux du lac Majeur sur l'autre appendice.

C'en serait assez, peut-être trop, de cet exposé pour la complète apologie de ma mission au Simplon, mission qui a été, j'ose le dire, aussi efficace qu'elle était principale ( 1 ). S'il s'élevait encore quelques voix pour me disputer, sur les bords de la tombe, le faible mérite du projet, et de la direction de ces indestructibles travaux, dont l'exécution a été suivie par des jeunes gens qui pouvaient promettre pour l'avenir d'habiles ingénieurs à la patrie, mais qui n'étaient alors que des enfans en fait de projets et de travaux de cette nature, je dirais : Il faut des chefs et des lois partout ; j'ai suivi celles qui sont imposées à l'ingénieur, puisque tout a réussi en correspondance comme en exécution, et j'ai été, après le général Turreau, qui n'a fait que paraître et disparaître, le premier chef de fait et de droit, jusqu'à la fin de cette entreprise mémorable.

Qu'on ne s'y trompe pas, car dans le système adopté par

---

(1) Le 19 messidor an XI, M. le conseiller d'État Cretet, m'adressa de Lille une lettre dans laquelle se trouvent les deux passages suivans : « ..... Vous vous occupe- » rez l'hiver prochain du projet de l'hospice qui doit être restreint au pur nécessaire » sans aucune dépense d'architecture. » *Encore un projet oublié par M. Polonceau !* » Ne négligez rien, continue le conseiller d'état, pour accélérer l'exécution écono- » mique autant que possible de la grande entreprise dont vous êtes chargé ; redoublez » s'il se peut de zèle et d'efforts au moment où le gouvernement continue des sacri- » fices, que les circonstances rendent très-difficiles. (Signé *Cretet*.) » *Était-ce sur les jeunes ingénieurs ou bien sur moi, que pesait la responsabilité de cette grande entreprise ?*

l'auteur des renseignemens, où l'exécution est comptée pour tout et le projet pour rien, puisqu'on n'en dit pas un mot, si ce n'est pour deux ponts, les conducteurs, les entrepreneurs, les ouvriers, les mineurs, pourraient aussi s'intituler les triomphateurs des plus grandes difficultés de l'entreprise. La poudre même devrait avoir aussi son panégyrique.

Suivant ces messieurs, ce sont les soldats exclusivement qui gagnent les batailles, les généraux ne doivent y avoir aucune part.

Il est certain que les jeunes ingénieurs servent beaucoup dans la conduite des travaux, cependant l'expérience acquise et le mérite d'imaginer et de faire de bons projets, et d'en diriger l'exécution servent encore davantage.

Mais qu'avaient donc fait ces jeunes ingénieurs qui se mettent si complaisamment en vue et cherchent, par d'artificieux renseignemens, à rejeter, à leur profit, dans l'ombre et l'oubli, l'auteur du projet de cette belle route? Quels étaient leurs antécédens? Ils n'en avaient aucun, *ils sortaient de l'école!* Si la date de leur nomination, si leur extrait de naissance, ne suffisaient pas pour le démontrer, on en trouverait la preuve dans des lettres qui sont encore entre mes mains. J'avais pensé à faire faire de l'une d'elles un fac simile, que j'aurais joint à ce mémoire, mais je me contente d'en offrir la production.

La première de ces pièces, est un écrit adressé au gouvernement le 3o messidor an IX, par M. l'ingénieur Cournon, qui prit le commandement de la deuxième brigade, après le départ de M. Duchêne. M. Cournon, en parlant des travaux, s'exprime en ces termes : « Le petit nombre d'ingénieurs (de la » deuxième brigade) exercés à l'usage des travaux ne permet » pas d'attaquer la route sur autant de points qu'on l'aurait » désiré; craignant de les confier aux jeunes élèves, Coïc et

» Baduel qui pour la première fois étaient employés à la con-
» duite immédiate des travaux publics, et d'ateliers qui pré-
» sentaient d'aussi grandes difficultés. »

Il n'y a rien à ajouter à un témoignage aussi positif de l'inex-
périence de ces messieurs. M. Cournon, ingénieur distingué,
et doué pour les jeunes gens qu'il commandait d'un caractère
excellent et le plus paternel, se défiait des forces des jeunes
élèves Coïc et Baduel, *qui pour la première fois* étaient employés à la conduite immédiate des travaux, etc... Or, comme
on l'a vu, ceux de la première brigade n'étaient pas davantage
des vétérans de travaux que ceux de la deuxième; ils étaient
tous sortis de l'école en même temps pour aller au Simplon.

L'autre pièce dont je veux parler, et à laquelle je pensais,
quand j'ai dit en commençant ce mémoire que M. Polonceau
ne la récuserait pas, est une lettre que madame sa mère
m'adressa le 10 vendémiaire an X; je l'ai sous les yeux, elle
est conçue en ces termes :

« J'apprends, monsieur, que les travaux du Simplon qui
» avaient été suspendus viennent d'être repris, et mon fils n'a
» pas obtenu un remplaçant dans l'intervalle ! Cependant la
» bonne volonté que vous m'aviez exprimée de lui donner son
» congé ; les lettres que vous adressèrent à ce sujet les citoyens
» Prony et Lesage (le premier directeur, et le second inspec-
» teur de l'école) me donnaient le droit d'attendre de vous
» l'exécution de mes désirs. Si les travaux doivent continuer,
» veuillez, monsieur, demander sans délai un élève pour rem-
» placer mon fils, etc., etc. On ne me persuadera pas que
» mon fils en ce moment soit nécessaire pour la conduite des
» travaux. N'étant que très-subordonné pour ces opérations,
» tout autre peut tenir sa place.

» L'autorité d'inspecteur général des travaux du Simplon,
» laisse entre vos mains le sort de mon fils, etc.

» ( Signé ) POLONCEAU, la belle-fille. »

Vous voyez, monsieur, qu'à cette époque l'auteur des renseignemens qui me dépouillent, l'un des jeunes ingénieurs
qui ont triomphé des plus grandes difficultés de l'entreprise,
n'était qu'un élève, réclamé par les chefs de l'école; *n'était
que très-subordonné pour les opérations dont il s'agissait,
et que tout autre*, d'après la pensée de madame Polonceau,
*pouvait tenir sa place.*

Pourquoi n'ai-je pas accompli les vœux maternels à l'égard
de M. Polonceau? Il serait rentré à l'école; il n'aurait pas été
dans le cas de vous fournir ses obligeans renseignemens, il ne
se serait pas fait une si belle part dans votre ouvrage; mais
aussi il n'aurait pas été exposé au déplaisir que pourra lui
causer la juste réclamation que je vous adresse aujourd'hui.

En dernière analyse, la sollicitude maternelle ne trompait
pas madame Polonceau.

Il doit donc vous être démontré, par tout ce qui précède,
que vous avez été grandement induit en erreur par les renseignemens qui vous ont été fournis; vous voyez, monsieur,
que les jeunes ingénieurs qui disent avoir triomphé des plus
grandes difficultés au Simplon, n'ont fait que suivre, et
souvent fort mal, des projets *faits par moi*, sur lesquels ils
ont gardé le silence, dans l'intention de faire prendre le change,
sur le rôle qu'ils ont joué dans cette grande entreprise, à laquelle ils ont été attachés, n'ayant encore aucun antécédent qui
dût et pût attirer sur eux, pour un pareil projet, les regards
et la confiance du gouvernement. *Ils sortaient de l'école!!....*

Ils me demanderont peut-être, quels étaient pour moi, ces

titres à la confiance du gouvernement? ces gages que je pouvais fournir de la réussite d'une telle entreprise? ces gages, ces titres se trouvaient dans une longue carrière parcourue, dans laquelle j'avais eu le bonheur de rendre quelques services. Ils se trouvent dans les travaux que je vais exposer, qui vous prouveront que quand j'ai fait le projet de la route du Simplon, je ne sortais pas immédiatement de l'école.

### TRAVAUX ANTÉRIEURS A. CEUX DU SIMPLON.

Je répète encore, monsieur, que j'écris pour vous et pour les ingénieurs qui parcourront à l'avenir et parcourent maintenant une carrière que j'avais suivie pendant quarante-sept ans, lorsqu'en 1815, encore capable de servir, j'ai reçu ma retraite. Alors comme à présent, je m'en suis consolé, en pensant à tant de braves qui avaient mieux mérité que moi, et qui comme moi se sont trouvés condamnés à l'inaction par les événemens.

### *Quai Saint-Clair.*

J'ai débuté il y a cinquante-trois ans, comme élève ingénieur à Lyon à l'ouverture de la route du quai Saint-Clair, le long du Rhône; un homme de pied pouvait à peine passer entre la montagne de Calvire et le fleuve; maintenant ce quai d'une demi-lieue d'étendue, offre une grande largeur, est garni d'un bout à l'autre de maisons superbes et embelli encore par des plantations qui sont aussi belles qu'elles sont nécessaires (1).

### *Travaux de Versoix.*

Je fus envoyé ensuite à Boulogne pour y suivre des travaux

---

(1) Ce projet qui dispensait de monter à la Croix-Rousse fut donné par un M. Rater, négociant de Lyon, et le mérite des ingénieurs n'a consisté à cet égard que dans l'exécution.

de mer, de là je traversai la Manche; je voulais voir les Anglais chez eux. De retour à Paris, j'eus ordre de me rendre à Versoix pour y prendre part au projet insensé, d'établir en ce lieu une ville de quatre-vingt mille âmes, avec une citadelle bien entendu, un port militaire, etc. etc., pour nuire aux Génevois qui ne firent qu'en rire, et avec raison; j'étais en sous-ordre, et j'obéissais (1).

Les plans gravés, fournis par moi, ayant été approuvés, des terrains furent concédés, pour y bâtir, à des colons qui s'y ruinèrent. Un canal d'arrosement devait être dérivé de la rivière de Versoix; j'en fis le projet et le fis exécuter. C'est la seule chose utile qui ait subsisté de cette folle entreprise.

### *Projets de canal depuis Versoix à Seyssel et à Lyon.*

### *Projet Aubry.*

Dans le premier enthousiasme de cette grande entreprise, on voulut aussi joindre le Rhône au Rhin, en faisant passer un canal par la nouvelle et grande ville de Versoix, et en le dirigeant de cette ville imaginaire sur Lyon.

Mon ancien, respectable et digne ingénieur en chef, M. Aubry, reçut ordre de projeter ce canal; et je fus appelé à rédiger ce projet, en passant par les points qu'il m'avait indiqués, depuis Versoix sur le lac Léman, jusqu'à Seyssel; sur un trajet de douze lieues de longueur à peu près, et sans passer par Genève, bien entendu.

---

(1) Cette ville, située entre deux républiques, Genève et la Suisse, n'avait aucunes richesses territoriales, ni commerce; elle différait avec ses voisins, d'esprit, de mœurs et de religion, et ne pouvait exister qu'en projet; elle n'a en effet jamais eu d'autre existence; car on ne peut pas compter pour une ville, une vingtaine de maisons, la plupart désertes, éparses au milieu des prés et des champs. Il y existe néanmoins un port sans profondeur et en ruine, pour lequel il a été dépensé à peu près deux millions. Le sol n'en appartient plus à la France! Encore mieux.

Indépendamment de ce projet, j'eus ordre de rédiger celui d'une route militaire depuis Morez à Versoix, à travers le Jura par la Dôle, qui en est le point le plus élevé (1). On passait par là, pour n'être pas commandé, disait-on. Ce travail me causa des fatigues inouïes.

Le projet de canal, dont je viens de parler, que je jugeai devoir rester sans résultat, dans la localité difficile où il était placé, m'en fit concevoir un autre plus hardi et qui, dans ces lieux, que la nature semblait avoir pris à tâche de bouleverser, serait peut-être le seul qui pût être tenté, si les choses futures le requéraient; mais on ne peut l'admettre, car le gouvernement (à supposer qu'il n'existât pas d'obstacles politiques) n'a dans le présent, et ne peut avoir dans l'avenir aucun intérêt à entreprendre une pareille opération; c'est pour de semblables projets qu'il faut se défier des empiriques.

Aujourd'hui l'exécution de ce canal de navigation sur dix lieues de longueur coûterait plus de vingt millions, dont l'intérêt ne pourrait être moindre d'un million, qu'il faudrait nécessairement retirer des produits du canal pour que l'argent du gouvernement fût placé d'une manière convenable et utile. Mais Genève, la Suisse, et le pays de Gex, étant au sommet de l'isthme qui sépare les deux mers, se trouvent placés, si on peut employer cette expression, à la cime du commerce, et n'ont à exporter par cette route que les productions de leur cru, qui ne se consomment pas sur les lieux. Ces productions consistent en une quantité de fromages qu'on évalue par an pour la Suisse à un peu moins de 66,000 kilogrammes, et pour le pays de Gex à 60,000; ce qui fait un total de 126,000 kilogrammes, qui coûtent

______

(1) D'après M. De Saussure, la Dôle est élevée de 658 toises, au dessus du lac de Genève, qui l'est lui-même de 187 toises au-dessus de la mer.

actuellement à transporter par terre depuis Genève jusqu'à Seyssel, où le Rhône redevient navigable, 1 fr. 5o c. par quintal métrique, ce qui fait pour la totalité, la somme minime de 1,89o fr.

En vain prendrait-on en considération le transport des sels que la France fournit à la Suisse, à Genève, au pays de Gex, et à la Savoye, le résultat fatal de l'inexorable calcul serait loin d'approcher de l'intérêt qu'il devrait balancer.

Par an la France fournit 5,ooo quintaux métriques de sel à Genève, que cette république peut réduire à 3,ooo quintaux. Ci, pour le plus. . . . . . . . . . . . . . . quintaux.  5,ooo.

Au pays de Gex 3,ooo quintaux ni plus ni moins.  3,ooo.

Au Valais 6,ooo quintaux, qui peuvent aussi se réduire à moins, ainsi que cela est arrivé en l'année 1819, pendant laquelle ce canton n'en a reçu que 45oo. Ci, pour le plus. . . . . . . . . . . . . . . . . . . . . 6,ooo.

Enfin à la Savoye 25,ooo quintaux (en vertu d'un traité fait pour 9 ans avec faculté de résil de trois en trois ans) desquels 25,ooo quintaux une moitié au plus passerait par le canal du Rhône. Ci, . . . . . . . . . . . . . . 12,ooo.

        Total. . . . . . . . . . quintaux métriques. 26,ooo.

Ces 26,ooo quintaux de sel, transportés au même prix que les fromages, donneraient une somme de 39,ooo fr. qui, réunie aux 1,89o fr. ci-dessus, produit celle totale de 4o,89o fr. qui ne suffirait seulement pas à l'entretien du canal où l'on ne passerait même pas.

*Projet Céard.*

Mon projet consistait à barrer le Rhône, entre les rochers qui le bordent au-dessus du Seyssel, et à submerger par ce moyen toutes les cataractes, et la perte de ce fleuve (1) qui le rendent impraticable jusqu'au fort de l'Écluse, d'où il est navigable jusqu'à Genève. Je dérivais les eaux du fleuve, dans la partie supérieure au barrage, par un canal creusé dans le rocher, et ouvert à la hauteur du barrage lui-même, pour les rendre ensuite à leur lit, ou bief inférieur, par une seule chute, de toute la hauteur des cataractes submergées; cette chute avait 194 pieds de hauteur, que ma navigation redescendait ensuite, au moyen de deux seules écluses à syphon, creusées dans le rocher l'une de 107 pieds et l'autre de 94 de profondeur, à cause des parties sous les eaux.

Le projet de M. Aubry, et le mien, se trouvent décrits dans l'ouvrage in-folio, publié en 1778 par M. de la Lande, sur les Canaux, pages 214, 218 et suivantes.

### *Pont de Chazey, sur la rivière d'Ain.*

J'ai donné le projet d'un pont en pierre en cinq arches, pour le passage difficultueux de la rivière d'Ain à Chazey, sur la route de Lyon à Genève. Ce projet ayant été approuvé par l'intendant et les états du pays, sans la participation de l'intendant des finances (le directeur général des ponts et chaussés d'alors), mon projet et l'adjudication qui en avait été passée, furent cassés et l'auteur fut envoyé de Versoix au Havre-de-Grâce pour le punir, d'avoir bien fait; mais il avait occasioné un conflit d'autorité. On subtitua à son projet un autre pont qui a été emporté.

On était plus sévère alors qu'à présent, et je ne crois pas que

(1) Il a paru dans la révolution un ouvrage intitulé : *Voyage Pittoresque de la navigation du Rhône, de Genève à Seyssel*, dans lequel mon projet se trouve modifié sans avantage pour lui : car j'estime que ces modifications le rendent encore plus hasardeux.

des ingénieurs et des élèves se fussent impunément avisés de changer en plusieurs endroits, de leur propre autorité, un projet arrêté, comme l'était celui de la route depuis Glitz au sommet du Simplon.

### Travaux de mer au Havre et à Honfleur.

Je fus occupé sous divers chefs aux travaux du port du Havre, à ceux de sa retenue et de son écluse de chasse. Ces travaux furent couronnés du plus grand succès, sous l'habile ingénieur Lamblardie.

De ces travaux je passai à ceux de Honfleur, dont je rendis pour quelque temps le port vaseux abordable aux vaisseaux. Je ne mis pas alors un grand prix à cette opération sur laquelle je fus néanmoins applaudi par l'autorité qui ne l'avait pas vue jusqu'alors réussir aussi complètement.

### Travaux de Cherbourg.

Ensuite par commission momentanée, je fus envoyé à Cherbourg, relativement à l'idée que j'avais émise de substituer des blocs naturels ou artificiels aux cônes dont on venait de faire l'essai pour abriter la rade.

J'eus à y essuyer un peu d'humeur, que mes idées avaient fait naître, et je n'en fus point étonné; je jugeai que ces grandes machines étroites par en haut, et larges par en bas, n'étaient qu'un pas qui conduirait à de plus grandes choses : l'Europe admire celles qui ont eu lieu depuis.

On ne disputera pas, je pense, à M. l'ingénieur Cachin, qu'il soit l'auteur des beaux travaux qu'on admire à Cherbourg, et qu'il n'ait vaincu les obstacles sans nombre et de tout genre qui s'opposaient à leur exécution (1).

---

(1) Cet ingénieur, auquel ses grands services ont valu un titre mérité, et auquel je

Il ne nous manque plus que nos colonies et 200 vaisseaux de ligne pour justifier l'utilité de ces immenses travaux, exécutés à la barbe de l'ennemi. Je suis tenté de m'écrier avec une amertume patriotique : Vive la France pour bien commencer, mais gare la fin !

### Pont de bateaux sur le Rhône.

Quelques années après les illusoires travaux primitifs de Cherbourg, je fus reporté à la nouvelle ville de Versoix, et nommé au moment de la révolution, ingénieur en chef en Bugey, et ensuite au département de l'Ain, dans lequel, parmi d'autres travaux, j'ai construit un pont de bateaux sur le Rhône pour le cas de la retraite de l'armée de Suisse. J'ai ensuite été nommé ingénieur en chef à Genève, après avoir refusé le grade de chef de bataillon du génie, que les soins de ma jeune famille ne me permirent pas d'accepter.

### Projets et travaux en Suisse.

J'ai en outre fourni aux autorités suisses, avec le consentement de celles dont je dépendais, des projets qui ont été exécutés avec succès; tels que celui du port d'Ouchy, sous Lausanne, sur le lac Léman; celui du pont de Serrière dans le comté de Neufchâtel : ce pont, exécuté dans un endroit difficile, fait par sa masse et sa grandeur le plus beau monument de la Suisse, et il en sera sûrement le plus durable; celui du pont de Vevay sur le torrent aux abords de cette ville : ce pont a été exécuté en marbre noir en une seule arche surbaissée, de manière à étonner ceux qui ignorent que les claveaux de l'arche, masqués dans les culées, descendent jusqu'à leurs assiettes en fondation.

---

m'applaudis d'avoir toujours été attaché, m'écrivait dans le temps que les obstacles physiques qu'il a rencontrés n'ont pas été les plus difficiles à surmonter, et j'en ai par expérience été persuadé.

Ces travaux ne sont pas les seuls auxquels j'ai été appelé par les autorités Suisses; j'ai été encore consulté par le gouvernement de Berne sur le redressement du lit de l'Aar, au-dessus de Soleure et de Buren; je donnai à ce travail des soins qui me portèrent à désespérer de l'entreprise qui est pour le moins inutile. Je fis part dans le temps à leurs excellences de mes observations. La même affaire me procura l'occasion d'examiner le canal d'entre roche, destiné à faire communiquer ensemble par une ligne de navigation, les lacs de Genève, de Neufchâtel et de Bienne ; ces deux derniers unis par la rivière de la Thièle, laquelle tombe dans la rivière d'Aar, qui se rend elle-même au Rhin. Cet examen ne me laissa que de très-faibles espérances qu'on pût jamais réaliser le projet d'une ligne de communication par ces lacs et au travers de l'isthme qui existe entre Morges et Iverdon, pour aller à la mer du nord par le Rhin ; non plus que celui du lac Léman par le Rhône à Seyssel, et par suite à Lyon et à la Méditerranée. Je désespérai surtout de cette grande opération, à cause du peu d'avantage pécuniaire qu'on en retirerait.

De grands efforts d'art pourraient peut-être surmonter les obstacles physiques et politiques qui se rencontrent entre Genève et Seyssel; mais ce serait sans espoir de voir couvrir ces dépenses par un intérêt quelque bas qu'il fût.

La Suisse tire bien quelques productions des mers et de leurs bords, mais elle n'exporte rien, si ce n'est des fromages en petite quantité, et quelques bœufs et quelques chevaux, qui n'ont pas besoin d'un canal.

Voilà, monsieur, quelques-uns des travaux auxquels j'avais été appelé comme ingénieur et qui avaient pu faire penser au gouvernement, que j'étais plus propre à projeter la route du Simplon et ses appendices, que des élèves qui n'avaient encore rien vu. D'autres travaux de quelque étendue m'ont été demandés ou ont été fournis par moi de mon propre mouvement depuis le moment où la route du Simplon a été commencée. Je vais les retracer sommairement.

### Jura. Côte de la Faucille.

La côte de la Faucille à travers le Jura, près de Genève, exigeait une rectification considérable : je l'ai projetée et fait exécuter. J'ai projeté et établi la belle fontaine qui y existe et la route neuve du sommet de la Faucille à la Cure, se dirigeant sur les Rousses (1) et Morez par la vallée des Dappes. Dans ces opérations j'ai été assisté de M. Duval, jeune ingénieur auquel j'ai re-reconnu beaucoup de capacité, et auquel j'ai voué un sincère attachement. Il est actuellement ingénieur en chef à Draguignan.

### Côte de Cerdon.

Depuis l'ouverture de Genève à Lyon, le sommet de la côte de Cerdon était l'effroi des voyageurs, et le théâtre de nombreux accidens. J'ai donné, sans qu'il me fût demandé, le projet de sa rectification, qui a été mis à exécution, et ce passage autrefois périlleux dans toutes les saisons, et affreux en hiver, n'offre plus qu'une partie de route agréable et sûre. Le général Pino s'y est cassé une jambe un moment avant sa rectification.

### Côte de Tarare.

J'ai donné de même le projet de la montagne de Tarare, route

_______

(1) Cette route traverse, sur 300 toises de longueur, une parcelle de terrain Suisse qui est dépourvue d'habitans, et qui est très-nécessaire à la France pour éviter les péages de S.-Cergue et de Nyon. Pour cette parcelle, il y a eu 20 ans de négociations, à la suite desquelles il a fallu ouvrir la route à main armée sur nos bons voisins qui l'ont réclamée sans autre but que de gêner nos communications.

de Lyon à Paris, et j'en ai provoqué la mise à exécution; elle a eu lieu. La route est maintenant facile, et peut-être que, sans moi, cette côte eût continué encore pendant long-temps à faire l'épouvante des voyageurs.

Ayant représenté au ministère, étant inspecteur divisionnaire à Lyon, qu'il était plus facile d'aller en Italie par le Simplon, que d'aller de Lyon à Paris par la montagne de Tarare, et ayant donné le projet de la rectification de cette côte, l'exécution en fut ordonnée et confiée aux soins de l'ingénieur en chef Cavenne, dont on ne peut contester le mérite ni les talens. M. Laguerenne, jeune ingénieur, l'a secondé dans l'exécution; et ce passage est aussi beau qu'il était détestable avant sa rectification totale et nouvelle, qui m'est due comme ingénieur auteur du projet. Quiconque voudrait m'en contester le premier mérite, et obtenir à mes dépens quelques croix, ne mériterait assurément que celle de Saint-André. Pour moi, à ce sujet, je trouverai ma récompense dans le service rendu au public, service qui a failli me coûter la vie par une chute de cheval; et dans l'honneur que j'ai eu sur les lieux, de me voir élever un arc de branchages par les habitans du voisinage, pour me marquer leur reconnaissance. Il faut rappeler les faits pour conserver son bien, quelque mince qu'il soit.

### *Canal de navigation ascendante du Rhône, entre la mer et Lyon.*

Un projet qui semblerait n'être qu'une suite de l'un des précédens, et qui en est tout-à-fait indépendant, est celui de la navigation ascendante du Rhône entre la mer et Lyon; il me fut demandé en 1807 par le ci-devant ministre, M. le comte de Montalivet, pair de France. Aussitôt je me livrai, sur les lieux, à l'examen de cette importante et immense entreprise. J'en remis le projet généralement rédigé, avec sa carte, le 25 mars 1808. Ce canal, semblable à un canal de petite navigation, serait établi d'abord sur la rive droite du fleuve, et ensuite sur la rive gauche; il aurait sa prise d'eau dans la Saône au-dessus du pont de la Mulatière sous Lyon (1).

La longueur serait de quarante-huit lieues, depuis sa prise d'eau jusqu'à Tarascon, d'où il se réunirait au canal de Bouc, qui est en construction, et à celui de Beaucaire déjà exécuté, qui tous deux ont leur embouchure à la mer.

D'après mon projet, ce canal traverse celui de Givors, à quatre lieues de Lyon, et facilite la remonte des charbons dans cette dernière ville; il arrive ensuite à Condrieux, puis à Tournon où il faut un percé; il passe sous Beauchâtel, derrière La Voûte, sous Rochemaure, et par le Teil au-dessous duquel il quitte la rive droite du Rhône, qu'il a suivie d'une manière plus ou moins rapprochée, pour passer sur la rive gauche au moyen d'une traille (2); il arrive ensuite à Châtauneuf du Rhône, près de Donzère, sous Pierrelatte, à Lapalud, à Mont-Dragon, Châteauneuf du Pape, derrière Avignon, et à la Durance que je propose de diguer. Le canal traverse cette rivière également par un traille à son embouchure dans le Rhône, et aboutit enfin derrière Tarascon (3).

---

(1) Ce canal ne devant servir qu'à la remonte, la largeur de 6 mètres qu'on lui a donnée est plus que suffisante au passage d'un seul bateau.

(2) Les trailles vont très-bien sur le Rhône, et très-mal sur la Loire, à cause de son peu de profondeur et des sables qu'elle charrie, ce qui rend le très-désirable prolongement du canal de Digoin, impossible sur la rive gauche de la Loire jusqu'à Briare; il y aurait plus de possibilité en se tenant sur la rive droite sans traverser cette rivière, mais aussi il y aurait beaucoup de maisons à couper.

(3) J'avais pensé à établir, toujours sur la droite du Rhône, entre le Teil et Beaucaire, un canal à point de partage pour aboutir au bassin de Beaucaire; mais je l'ai jugé moins praticable à cause des escarpemens à faire sur l'Ardèche qu'il fallait côtoyer

A l'arrivée dans le Rhône et dans la Durance, et après le passage de ces deux courans dans chacun desquels le canal puise ses eaux à l'un et à l'autre, ce qui n'exclut point la possibilité d'en tirer aussi des affluens pour alimenter au besoin les diverses parties du canal, comme il passera nécessairement sur des parties en remblais, la chaux admirable du Teil y sera employée pour remédier aux filtrations qui seraient invincibles, sans cela, dans ce pays sec et graveleux.

Ce grand projet d'une exécution difficile exigerait un volume pour le développement de ses conséquences et de ses diverses positions et constructions; mon but n'est ici que de l'indiquer. Je vais donc passer à l'estimation approximative, et peut-être un peu forcée, desdites constructions; l'avenir jugera par là des avantages et des sacrifices que présenterait l'exécution de ce canal.

La dépense, d'après mon projet, s'élève à 45,809,440 fr. savoir :

1°. Pour la levée des plans détaillés, nivellement, sondes nécessaires pour se procurer la connaissance du terrain ensemble . . . . . . . . . . . . . . . . . . . . . . . 32,400 fr.

2°. Terrassement de toute espèce en déblais ou remblais. . . . . . . . . . . . . . . . . . . . . 19,500,000

3°. Escarpement de toute espèce pour établir la plate-forme. . . . . . . . . . . . . . . . . 8,662,500

4°. Pour l'ouverture de la cuvette du canal et de son revêtement . . . . . . . . . . . . . . . . 2,227,500

5°. Pour seize grands ponts aquéducs. . . . . 3,220,000

*A reporter.* . . . . . . 33,642,400

---

et traverser ainsi que le Gardon, qui ne présentait pas moins d'obstacles; l'aquéduc du Gard méritait aussi d'être respecté.

| | |
|---|---:|
| *Report.* . . . . . . . . | 33,642,400 |

6°. Pour quatre-vingt-dix petits ponts aquéducs de moyenne grandeur . . . . . . . . . . . .  900,000

7°. Pour soixante écluses pour descendre 500
pieds de pente à peu près . . . . . . . . . . . .  3,000,000

8°. Pour quatre écluses de prise d'eau et deux
de chute. . . . . . . . . . . . . . . . . . . . . .  2,000,000

9°. Pour cinquante-quatre ponts-épanchoirs .  810,000

10°. Indemnités de maisons et terrains. . . .  1,020,000

11°. Frais pour la conduite et direction des
ouvrages. . . . . . . . . . . . . . . . . . . . . .  238,000

12°. Le 10°. pour somme à valoir et cas im-
prévus. . . . . . . . . . . . . . . . . . . . . . .  4,199,040

Total . . . . . . . . 45,809,440 fr.

Si l'on pouvait demander l'utilité d'une si grande et si dis-
pendieuse entreprise, on répondrait : 1°. que la navigation
ascendante du Rhône, qui exige aujourd'hui trente-cinq à qua-
rante jours de Beaucaire à Lyon, et n'en demande que deux
à la descente par le fleuve, se ferait à la remonte par le canal
en sept ou huit jours au plus ; en sorte qu'au lieu de huit ou neuf
voyages par an avec équipages, il en serait fait par le canal au
moins trente, dans le même temps et sans équipages.

2°. Que les pertes en naufrages, cordages, agrès de toute
espèce, denrées pour la nourriture des hommes, fourrages et
grains pour celle des chevaux précieux (1), dont un quart se

_______________

(1) Ils s'achètent ordinairement de 1000 à 1200 fr. pièce. Celui qu'on appelle le
Patouillard en coûte 1400 à 1500. C'est un cheval de la plus haute taille, destiné à
sonder les passages, avec un homme qui le dirige à la Franconi, étant souvent
debout dessus, au milieu des eaux.

noie par an, ou périt par maladies, seraient réparées, ainsi que celle de nombre de bateaux, que le coût de la remonte oblige de vendre à vil prix, pour le chauffage.

3°. Que les matériaux de toute nature pour la construction des ouvrages, soit pierre de taille, moellon, sable, chaux, pozzolane ( provenant des volcans éteints du Vivarais ) se trouvent très à portée dans les grandes berges qui contiennent le Rhône, excepté dans la partie supérieure du canal où les matériaux arriveraient avec facilité des carrières superbes de Villebois, comme ils arrivent à Lyon.

4°. Que la navigation descendante ayant lieu avec promptitude, facilité et sûreté par le Rhône; et le canal pour la remonte, ayant de l'eau en abondance, les spéculateurs n'auraient à redouter aucune invention nouvelle, même dans le temps où nous vivons, qui en produit de très-ingénieuses (1).

5°. Que la partie du canal latéral de Lyon à Beaucaire, répondant à celui de Givors, faciliterait la remonte des charbons fossiles à la seconde ville de France; s'unirait non moins avantageusement à ceux de Bouc et d'Aiguemortes, jusqu'à la mer, et formerait le complément nécessaire de la jonction du canal du centre avec la Loire; de la Bourgogne avec la Seine; de la Saône avec le Rhin par le Doubs, et les ramifications inférieures et supérieures aussi fort importantes.

6°. Enfin, si l'on fixe les yeux sur la dépense et les produits,

---

(1) Le courant du Rhône semble trop rapide pour que les machines à vapeur puissent jamais y être employées, à moins d'un mouvement constant et extraordinaire dans les moyens, qu'on n'ose pas supposer. Je viens de lire l'essai très-lumineux sur l'art de la navigation, par la vapeur, de M. Gilbert, qui laisse concevoir des espérances; il ne m'a pourtant pas fait changer d'avis relativement au fleuve du Rhône, dont les eaux moyennes parcourent généralement deux lieues à l'heure, là où il n'y a pas de rapide.

on verra que la remonte des marchandises par le fleuve, comme elle se fait aujourd'hui, coûte annuellement pour cinquante équipages composés de vingt-huit à trente chevaux, conduits par sept ou huit hommes et trois ou quatre mariniers, montant cinq ou six bateaux à chaque équipage, pour réparations, pertes de chevaux et autres de tout genre, comme on l'a dit, à quoi il faut ajouter le 10°. pour $\frac{0}{0}$ de bénéfice pour les compagnies, coûte annuellement, dis-je, 3,000,000 de fr.; ce qui représente l'intérêt annuel à 5 pour $\frac{0}{0}$ d'un capital de 60,000,000 de fr.; tandis que, d'après l'estimation forcée ci-dessus, les dépenses de la construction du canal et des faux frais ne se trouvent monter qu'à 45,809,440 fr., suivant le détail qu'on a vu (1).

On voit donc que ce dernier capital pourrait être considéré comme placé à un intérêt assez élevé par la cessation d'une dépense annuelle de 3,000,000 de fr., qui serait remplacée, pour le même objet, par une dépense de 250,000 que coûterait la remonte annuelle de cinquante-quatre bateaux qui conduiraient par le canal, depuis Beaucaire jusqu'à Lyon, 810,000 quintaux métriques de marchandises indispensables à cette ville et à la France correspondante; marchandises dont les prix actuels de transport varient suivant les circonstances depuis 5 fr. jusqu'à 10 fr., mais dont le prix moyen le plus ordinaire est de 6 fr. par quintal métrique, ce qui élèverait la recette, suivant cette donnée, à 4,860,000 fr. annuellement, sans compter les transports aussi nombreux qui ont lieu par terre, au grand détriment des routes, et qui se feraient par le canal d'une manière moins coûteuse et aussi prompte que réglée.

---

(1) J'ai cru devoir établir ces calculs sur la dépense qui est positive et connue, tandis que ceux appuyés sur les produits, qu'on va néanmoins exposer, ne pourraient peut-être se considérer que comme hypothétiques.

Je prie d'observer que ces renseignemens ont été pris de ma part sur les lieux, que je les crois dignes de fixer l'attention du Gouvernement, et encore mieux celle des spéculateurs, et qu'en outre ils sont au moins gratuits de ma part.

J'ajouterai encore que j'ai acquis l'expérience, qu'il est rare que les spéculations où il entre des objets d'art et de constructions répondent parfaitement aux désirs des spéculateurs ; les travaux Perrache à Lyon en sont une preuve, ceux du Creusot une autre (1). Celle dont il est question ici présente cependant des bases certaines ; elle est appuyée sur une économie énorme dans les transports et fournitures des productions du levant et de l'Amérique, des sels, des vins, des huiles, etc. qui sont nécessaires à Lyon (2), et à une majeure partie de la France. N'importe par qui et comment elles arrivent dans nos ports, il faut qu'elles en partent et qu'elles se distribuent, et payent leurs transports.

**Deux ministres, MM.** les comtes de Champmol et Molé, m'ordonnèrent encore successivement de m'occuper des deux objets que je vais exposer.

---

(1) Ce superbe et grand établissement que j'ai vu et admiré, quant à l'art, a été entrepris dans l'espérance d'y fondre et couler à des prix convenus toutes les fournitures du Gouvernement d'alors ; mais depuis que ces objets ont été mis en adjudication, cet établissement est tombé pour ne plus se relever, à moins que pour ces objets le Gouvernement ne revienne, à ses dépens et aux nôtres encore plus, aux priviléges exclusifs.

(2) Le canal du Languedoc, de 45 lieues et demie de longueur, a coûté 33 millions, et, eu égard à la différence de l'argent et des prix des travaux, reviendrait à 50 millions aujourd'hui ; celui de Givors pour 3 lieues de longueur avec 28 écluses a coûté 3 millions : ces écluses multipliées forment la moitié de la dépense, comme on comprend ; en sorte que tout persuade qu'on a estimé à sa valeur à peu près celle du nouveau canal.

8

Le premier, qui me fut ordonné le 15 messidor an 11, consistait dans la recherche des moyens d'établir à Lyon des usines qui manquent à cette ville, pour chercher à fructifier son industrie en rendant ces usines moins précaires que celles qui sont actuellement établies sur le Rhône; je reçus à ce sujet du premier de ces ministres la lettre suivante :

« Je compte spécialement sur vous, monsieur, pour pro-
» jeter cette importante affaire; je dois vous dire que depuis
» deux ans, j'ai donné à l'ingénieur en chef, ma première
» instruction, que vous devez vous faire représenter; je n'ai
» obtenu aucun résultat, et seulement des objections dont
» aucune n'est insoluble; le fait est que l'ingénieur en chef ne
» croit pas que le projet soit ni bon, ni praticable. Il faut me
» prouver le contraire avant que je puisse renoncer à des vues
» qui sont du plus grand intérêt pour la ville de Lyon. »

Pour me conformer à cet ordre et aux autres instructions qui m'étaient données, je rédigeai, sur un nivellement fait par un élève de l'École Polytechnique, le projet de dérivation d'un canal ayant sa prise d'eau au Rhône, sur la rive gauche, au delà de la commune de Jaunage, à 20,700 mètres au-dessus du pont de la Guillotière à Lyon.

Je donnai à ce canal 13$^m$.33 de largeur réduite, et 1$^m$.33 ou 4 pieds de hauteur d'eau. Le nivellement entre ces mêmes points, à compter de l'étiage des eaux du Rhône à chacun de ces lieux, donne 16$^m$.84 ou 50 pieds 6 pouces de pente générale (1). Ce qui fixe celle du fleuve entre les deux mêmes

---

(1) Ce nivellement n'a pas été fait sur toute cette longueur; mais on a suppléé à la moindre partie qui manquait, en lui donnant la même pente qui avait été trouvée dans les parties nivelées.

stations à 0ᵐ. 81359 par 1000 mètres ou à 4 pieds 7 pouces 6 lignes par 1000 toises.

Deux partis se sont présentés pour la distribution de cette pente, et pour en profiter tant relativement à la plus ou moins grande quantité d'eau à faire arriver vis-à-vis de Lyon, aux Broteaux, qu'à leur chute, à leur distribution pour le mouvement des rouages, au plus ou moins grand nombre de ces rouages, à la dépense générale pour l'exécution, dépense qui dépendait, comme on le conçoit, de la plus ou moins grande hauteur des remblais destinés à fournir et à former le canal au dessus du sol naturel. Chacun de ces partis diffère également sous le rapport des ouvrages d'art, comme ponts, aquéducs, déversoirs de décharge, de retenue, d'évacuation, etc.; et du grand mur qui devait être construit en arrière des usines, contre le remblais où elles se trouvaient adossées.

Le premier et le moins coûteux, sans rien changer d'ailleurs à la position du canal ni des usines, présentait la plus grande pente; mais il n'aurait permis que l'établissement de 75 rouages sur un seul rang de hauteur. Par ce projet il eût été suffisant d'obtenir 5 mètres de chute, savoir : 3 mètres pour la hauteur depuis l'étiage (1) aux eaux ordinaires, répondant au-dessous des rouages, et deux mètres pour la hauteur et le mouvement des rouages; la pente générale du canal aurait donc été de 8 mètres 97 centimètres (ou 26 pieds 11 pouces) depuis l'étiage de la prise d'eau jusqu'au niveau du dessus des eaux du canal, vis-à-vis du premier rouage, le bassin ou bief devant être de niveau.

Le second parti offrait une pente moindre et plus de dépense; mais il permettait d'établir 150 rouages, au moyen d'un double rang de roues d'égale hauteur, tournant par-dessus et avec les

_______________

(1) Basses eaux.

mêmes eaux; dans cette hypothèse une chute de 8$^m$. 33 , était nécessaire à cause de la hauteur du double rouage, tout étant égal d'ailleurs.

Les berges du bassin ou bief, depuis la première usine jusqu'au déversoir d'évacuation à sa fin, devaient être de niveau pour maintenir les eaux à la même hauteur sur chaque paire de rouages, et pour régler l'ouverture des orifices, afin de fixer également la dépense des eaux sur chacun des mêmes rouages.

L'abrégé de la description de ce projet ne permet guère d'entrer dans des détails plus étendus, qui, pour être bien conçus, exigeraient les gravures des plans et des dessins que j'ai fournis dans le temps (20 février 1806) (1). La dépense des ouvrages évaluée, avec soin, s'élève à 3,250,870 francs.

Je dois ajouter que des deux projets qui se sont présentés, comme je l'ai dit, le second m'a paru devoir être préféré, malgré sa plus grande dépense; en ce qu'il donnait 150 rouages, tandis que le premier n'en permettait que 75 ; ce qui n'aurait pas suffi aux besoins de la ville de Lyon, qui possédait déjà sur la Saône et le Rhône 42 tournans qui occasionnent dans le fleuve des dépôts inquiétans et sont souvent des causes d'alarmes.

J'avais pensé également à profiter de la même dérivation pour amener des eaux jaillissantes sur les places de Lyon, qui en manquent absolument ; mais elles ne pouvaient y arriver qu'étant forcées dans des tuyaux de conduite, et en les faisant traverser le pont Morand.

S'il n'était pas aussi avantageux, il serait aussi moins coûteux de tirer les eaux de la rivière de la Bourbre, pour les conduire

---

(1) J'aurais bien plaint un pauvre ingénieur qui n'aurait pas su dessiner, pour la rédaction de ce projet. Il y a de bons esprits qui dédaignent des talens qu'ils n'ont pas, et qui s'ajustent tout ce qui peut leur convenir.

Lyon, également par un canal, en suivant le même tracé que pour celui dévié du Rhône. Ce canal serait plus long, il est vrai, mais on pourrait établir des barrages de retenue de distance en distance, et des usines, moins nombreuses cependant, et moins près de Lyon, que par l'autre moyen.

### Route du Mont-Cénis.

Enfin le dernier objet qui me reste à exposer concerne la route du Mont-Cénis, dont le sommet est élevé de 2066 mètres au dessus des mers, et dont M. Dausse, très-habile ingénieur, avait fait les projets (1) et dirigé l'exécution, étant comme moi inspecteur divisionnaire.

Il s'agissait en 1812 d'éclairer le Gouvernement sur la convenance ou la disconvenance qu'il y avait à rejeter la route dans la plaine dite S.-Nicolas et à abandonner pour cela une partie déjà exécutée sur le flanc de la montagne énorme qui borde cette plaine, partie dans laquelle de grandes dépenses avaient été faites en escarpement et en ouverture de galerie.

La commission créée par M. le comte Molé, pour examiner cette affaire, était composée de l'inspecteur divisionnaire, auteur de ce mémoire, et de MM. Bouëssel et Roussigné de même grade ; elle se rendit depuis Paris au Mont-Cénis, avant le 10 mars, afin de voir les lieux avant la fonte des neiges (tel était l'ordre). Les neiges sur lesquelles il fallut opérer couvraient alors le sol à dix pieds de hauteur. Après avoir acquis une parfaite connaissance des lieux, par un examen le plus sévère et le plus réfléchi, il fut reconnu que M. Dausse ayant conçu son projet après la disparition des

---

1) Voyez encore l'ouvrage de M. Courtin déjà cité.

neiges, n'avait pu juger de tout le danger de ce passage qui est exposé aux avalanches dites des Espagnols et de la Picarella, et dans lequel les voyageurs devaient en outre redouter non-seulement la chute des stalactites de glace formées à la voûte de la galerie, mais celle des rochers calcaires suspendus sur une grande longueur, en encorbellement de 9 mètres de saillie sur la route. La commission, dont je dressai le rapport, fut unanimement d'avis d'abandonner ce passage, aussi impraticable que dangereux et de fixer la route dans la plaine de S. - Nicolas, malgré 3 rampes en tourniquet qui étaient nécessaires pour en sortir du côté de France, et 813 mètres d'allongement ; par ce moyen on était à l'abri des avalanches et de tout autre péril (1).

Le rapport vraiment impartial de la commission ayant été produit au conseil des Ponts-et-Chaussées, la route de la plaine de S. - Nicolas, tortillée et bizarre en apparence, fut rejetée à la presque unanimité ; mais après d'autres discussions ministérielles, la délibération fut mise sous les yeux de Napoléon, qui connaissait la localité : il la désapprouva, et la route fut établie par la plaine de S. - Nicolas, où j'ose dire qu'elle aurait été placée par tout ingénieur expérimenté qui aurait vu les lieux pendant l'hiver.

La route du Simplon ayant donné lieu au commencement de ce mémoire, ce que j'ai fait au Mont-Cénis, dans les mêmes Alpes, le termine.

J'ai l'honneur de vous répéter, monsieur, que je suis sincèrement l'admirateur de votre ouvrage, d'abord comme

---

(1) La Sardaigne avait aussi fait une galerie rapide pour faciliter ce passage ; elle était souvent remplie de glace à tel point qu'on était obligé de traîner jusqu'au bas, pour les pouvoir faire relever, les mulets qui s'y abattaient.

homme, ensuite comme Français; et qu'aucun sentiment de critique, ni contre vous, ni contre lui, n'a dirigé ma plume. Je vous prie donc de nouveau et expressément d'être bien persuadé que je n'ai eu en vue que les renseignemens qui vous ont été donnés et dont vous-même, monsieur, êtes convaincu maintenant, j'ose le croire, que j'avais droit de me plaindre.

A chacun le sien, monsieur, comme je l'ai dit. Je ne conteste pas à ces messieurs les bonnes études qu'ils ont faites, l'intelligence dont la nature les a doués, le zèle louable dont ils sont animés, la part qu'ils ont prise à l'exécution de la route du Simplon; mais que j'aie pu tolérer en silence qu'ils vinssent, par leurs artificieux renseignemens et plus encore par leurs réticences infidèles, chercher à vous persuader, monsieur, et au public, que je n'avais donné le projet que de deux ponts principaux, que par conséquent j'étais étranger au projet général, *que moi seul ai fait*, et qu'eux seuls avaient principalement et exclusivement triomphé des obstacles presque insurmontables que présentait une grande entreprise, c'est sur quoi ils n'ont pas raisonnablement pu compter.

Il me paraît, et il doit paraître à tout homme raisonnable, que c'était déjà un assez grand bonheur pour des jeunes gens qui sortaient de l'Ecole, d'avoir été attachés à d'aussi immenses travaux, et qu'ils devaient trouver dans la vérité un hommage satisfaisant, sans aller chercher assez par un article malicieusement usurpateur, à dépouiller celui qui a été leur chef et qui dans toutes les circonstances s'est fait un devoir religieux de les faire paraître à leur avantage, de pallier ou dissimuler leurs fautes, et les dégoûts qu'elles lui ont causés; enfin de placer les services qu'ils ont rendus, dans l'exécution de cette grande entreprise, sous leur jour le plus favorable.

Il m'a fallu, monsieur, de fortes raisons pour me déterminer à publier ce mémoire ; vous y reconnaîtrez, j'espère, la vérité, et vous comprendrez ma juste indignation. Si j'ai semblé contrarier un des articles de votre bel ouvrage, il en résultera que ceux qui n'auront pas fait naître des réclamations n'en seront que plus dignes de l'histoire et plus propres à fixer les idées de la postérité.

FIN.